シリーズ「改憲」異論 4

体験的「反改憲」運動論

なぜ私たちは「護憲」ではないのか

ピープルズ・プラン研究所＝編

現代企画室

発行に当たって

ピープルズ・プラン研究所

いま、憲法改悪への動きが急ピッチで進んでいる。改憲はもはや当然のことであり、抗しがたい流れになっているという政治的空気が強力に作りだされている。改憲の最大の狙いは、いうまでもなく第九条の平和主義の原理による制約を取り払って、派兵し戦争する自由を国家に与えることにある。だが、ことはそれだけにとどまらない。自民党の「論点整理」(二〇〇四年六月)や「改憲草案大綱」素案(同年一一月)にあからさまに書かれているように、改憲の内容には、歴史・伝統・文化を踏まえた「国柄」の明示、天皇の祭祀権の復活、「国防の責務」を柱とする「公共的責務(義務)」の強調、家族の価値の重視による男女平等規定の見直し、人権を制限できる「国家緊急事態」の新設などが、提示されている。改憲は、平和主義や人権という現在の憲法の基本原理を大きく変更し、憲法を〝政府の自由を縛る規範〟から〝国家への協力を市民に義務づける〟ものに変えようとしている。憲法の修正=改正という次元を越えて、権力を握っている人間たちが新しい憲法を制定するクーデタに等しい企みである、と言える。こうした改憲の企みには、日本の国家・社会の全体を、グローバリズム・新自由主義とナショナリズム・国家主義の方向へ向かって全面的に改革する狙いがはっきりと表れている。だが改憲の企ては、すでに韓国や中国をはじめ東アジア諸国の政府と民衆の強い警戒心を呼び起こしている。改憲をめぐる政治攻防は、米国・東アジア・日本の国際関係に規定されて進行するだろう。

このシリーズは、憲法改悪の企てに反対し、改憲の狙いや内容を批判し、改憲反対の大きな民衆運動をつくるための問題提起を行うことをめざして刊行される。しかし、私たちは、改憲に対して、いわゆる護憲ではないスタンスに立って反対する立場をとりたい。護憲は、現在の憲法がいかに素晴らしいものであるかを強調して、改憲に反対する立場である。私たちは、政治や社会の現状を徹底的に批判し、民衆にとって望ましい政治や社会のあり方（オルタナティブ）がどのようなものであるのかを自由に構想し、論じることから出発して、改憲に反対する。

オルタナティブには、たとえば次のようなことが含まれるだろう。日本で暮らす外国人が政治的な決定に参加する権利を行使できる。天皇制をなくして、共和政に移る。日米安保を解消し自衛隊を解体して、国家の非軍事化・非武装化を実現する。国境を越えた市民の連帯と協力を基礎にして交渉によって紛争を解決する。個人あるいは地方自治体が、戦争や戦争準備への協力・動員を拒否できる自由をもつ。個人が、結婚や家族の形成や働き方について各々の価値観に従った多様な生き方を選ぶ自由を保障する。住民投票や国民投票といった直接民主主義的な意思決定の仕組みを導入する。地域や先住民の自己決定権や日本国家からの分離の自由を保障する、などなど。

対米軍事協力と経済「構造改革」が急速に進む現状を批判し、民衆にとって望ましい政治や社会のあり方を積極的に構想し対置する議論を呼び起こそう。私たちは、このことによってこそ、いま企てられている改憲が、民衆にとってどれほど抑圧的で敵対的なものであるかを浮き彫りにすることができる、と考える。そして、現在の憲法の立憲主義、平和主義、人権、主権在民、地方自治などの基本原理や条項のもっている普遍的な価値に光を当てることもできる。いいかえると、護憲ではない立場に立つことによって、改憲と国家・社会の全面的改革の企てに対して最も有効に抵抗し反撃することができるはずである。

今後第一冊の「論点整理」批判に続いて、「憲法」とは何であるのか、国民投票法案、「九条」問題、天皇条項、家族論、運動論など多くのテーマでシリーズを展開していく予定である。

このシリーズが、護憲派はもちろん、改憲に反対する、あるいは改憲に疑問をもつ多くの人びとの間で活発な議論を呼び起こす一助となれば、幸いである。

二〇〇五年四月

「改憲」異論④　体験的「反改憲」運動論　目次

装丁――本永惠子

はしがき

天野恵一

戦後ほぼ一貫して政権党であり続けている自由民主党は、改憲を党是として結成された（一九五五年）。ゆえに、戦後の多様な反政府の運動は、直接的なテーマがなんであれ（たとえば基地問題、安保条約問題、反戦運動……）ほとんどすべて改憲問題とのからみで成立していたし、いるといえよう。

だから、反改憲運動というものを広く考えると、なんでも入ってしまうということになり、反対に、固有に憲法「改正」反対の主張と運動というふうにしぼって考えると、なにやら憲法裁判や法律解釈の土俵の中にのみ埋没してしまい、ダイナミックな運動の流れが、ほとんど見えなくなってしまう。

そこで、運動の通史を整理することを目指しているわけではないこの四冊目のブックレットは、いろいろな課題の運動を体験してきた個人が、そのプロセスで戦後憲法（あるいは改憲問題）について、どのように認識してきたか、しているかを個人史にそくして整理してもらうという方法を考えた。体験や立場がかなり違った個人史の総括。しかし、「護憲」という枠組みには収まりようもない運動体験の持ち主であることは共通している。こうした筆者たちが、過去の運動体験を、どのように歴史的にふまえ、今、どのように反改憲運動に取りくんでいるのか、取りくもうとしているのか、ということにしぼって書いていただいた。国富建治の「『護憲派』ではなかった活動家にとって『改憲阻止』とは」と竹森真紀の「『護憲』などで保障しえないココロ」と私の「『反改憲』運動論――戦後憲法をめぐる運動〈経験〉史」の三本がそれである。

こうしたものを、つきあわせて、「護憲」ではない反改憲運動のトータルなイメージを読み取ってもらう。そのように考えたのである。日本国憲法の理念があって、その理念を護るために運動があった、というより、さまざまなテーマの運動があり、その運動の持続の中で、憲法の積極性が発見されてくるプロセスがあったのである。運動のプロセスの中で、これは使える、使わなければならない理念（思想）だという実感を持った体験こそが大切なものであり。私（たち）は、この思想的実感をこそ共有したいと考えているのだ。

ただし、トップに収められている白川真澄の「現状変革の反改憲の論理を鍛え上げるために」は、個人史にそくした文章ではない。これは、現在、反改憲を主張する運動の思想潮流には、どのようなものが具体的に存在しているのか、多くの人びとの平和主義の意識はどのようなものなのか、そして、それに運動的に介入しようという多様な「護憲論」と私たちの反改憲論のスタンスは、原理的にどのように違うのかという問題を書いていただいた。

個人の体験史だけでは、フォローしきれないアクチュアルな問題を、総論的に整理したものである。

すでに述べたように、反改憲運動の通史的な整理を、このブックレットは目指したものではない。この課題はこのシリーズの後の別の巻で実現するつもりである。

このブックレットは、私たちとともに、戦後（平和・人権・民主）憲法の積極性をこそ（その歴史的負性とともに）発見してくれる読者が、ひとりでも多くあらわれることを期待してつくられたものである。

資料として自民党の「新憲法草案」の全文も収めた。改憲に反対する運動の中で、活用してください。

はしがき……天野恵一

第１章

現状変革志向の反改憲の論理を鍛えあげるために

白川　真澄

しらかわ　ますみ
1942年生。『季刊ピープルズ・プラン』編集長。著書『脱国家の政治学』（1997年、社会評論社）ほか。

反改憲運動が依拠する二つの条件

私たちが改憲を阻む運動を展開するために依拠できる政治的条件は、二つあると思われる。一つは、九条改憲に反対するという平和主義の意識が、いぜんとして「国民」の多数派を占めていることである。もう一つは、中国や韓国をはじめ東アジア諸国の民衆と政府が、九条改憲に対する強い警戒心や不信感を高めていることである。

ここでは、前者の問題に焦点を当てて考えてみたい。九条改憲に反対するという「国民」的多数派の平和主義の意識は、次のような特徴をもっている。

第一に、それは、改憲には賛成だが九条を変えることには反対という、ねじれた意識である。「朝日新聞」の〇四年四月の意識調査[1]では、「いまの憲法を改正する必要がある」が五三％（三年前の調査よりも六％増）、「改正する必要はない」が三五％（同、一％減）と、改憲支持のほうが多数を占める。だが、九条に関して「変えないほうがよい」が六〇％（同、一四％減）、「変えるほうがよい」が三一％（同、一四％増）と、その差は縮まっているとはいえ九条改憲反対がいぜんとして多数である。

1　朝日新聞二〇〇四年五月一日

第二に、それは、九条は守りたいが、自衛隊の存在を合憲と考え、海外派兵もＰＫＯや「復興支援」の活動までは許容し、日米安保の維持に賛成するという、限定的で相対的な平和主義の意識である。同じ意識調査では、「いまの自衛隊は憲法に違反していない」が五二％（三年前の調査よりも九％減）、「違反している」が二七％（同、一三％増）となっている。自衛隊合憲派が減り違憲派が増えたのは、イラク派兵への疑問が強かったことによるものだろう。しかし、自衛隊の海外派兵に関しては、「自衛隊の海外での活動はPKOまで認める」が四五％、「戦闘が続いている国での復興支援も認める」二五％、「国益にとって必要な武力行使まで認める」一三％、「一切すべきでない」一二％と、PKOや復興支援までは認めるという人びとが多数である。[2] 日米安保に関しては、「日米安保をこれからも維持していくことに賛成」が七三％（三年前の調査よりも一％減）、「反対」が一五％（同、一一％）となっている。

多数派を占めてきた九条改憲反対の意識それ自体も、その内実に一歩踏み込んで見てみると、大きく揺らいでいる。「朝日新聞」〇六年四月の意識調査[3]によれば、九条の「一項、二項とも変えない」が四二％と多数派ではあるが、「一項だけを変える」九％、「二項だけを変える」一六％、「一項、二項とも変える」は一八％となっている。九条改憲の焦点になっている「二項」を変えるに賛成は合わせて三四％と、堅固な九条改憲反対（一項、二項とも変えない）に迫っているのである。そして、「憲法を改正して、自衛隊の存在を明記する必要がある」が六二％、「必要はない」が二八％となっている。ただし、「必要がある」と答えた人のうち、自衛隊を「軍隊」と位置づけることに賛成は三八％、反対は五二％と、本格的な「軍隊」の位置を与えることには反対が多く、ためらいが見られる。

ここから浮かび上がってくるのは、軍事力に一切頼ることなく平和と安全をめざすという絶対平和主義[4]、つまり九条の原理とは大きな距離のある九条擁護という多数派の平和主義の姿である。

2　この傾向は、〇六年四月の意識調査でもほとんど変わっていない（朝日新聞二〇〇六年五月三日）

3　朝日新聞二〇〇六年五月三日

4　非武装・非軍事の方法を貫いて、自衛のための戦争や軍事力を含むすべての戦争や軍事力の行使を否認する考え方。

5　同盟を結んでいる国

それは、軍隊による安全保障という考え方を受け入れつつ、軍事力の行使をできるだけ抑制すべきだという、消極的で相対的な平和主義の意識である。絶対平和主義の立場は、自衛隊違憲、自衛隊の海外派兵は一切すべきでない、日米安保の維持に反対という一貫した意見に現われると考えると、全体の一割強にとどまっていると推測できる。

ねじれた平和主義意識への向き合い方

「国民」的多数派の平和主義の意識のねじれは、あらためて分析するまでもないことかもしれない。だが、このねじれた平和主義の意識は、反改憲運動がとりあえずそこから出発する起点、あるいはそこに働きかけをする相手である。

しかし、この意識にそのままべったりと依拠して反改憲の運動や戦線を作るわけにはいかない。もし、そうした作り方をしようとすると、自衛隊の存在や日米安保の存在を棚に上げたまま、集団的自衛権[5]の公然たる行使、つまり米軍と一体になった海外での自衛隊の戦闘行動に歯止めをかけるという一点で対峙線を引きなおし、九条改憲阻止の運動や戦線を作るという選択になる。そこでは、軍事力に頼る平和という考え方、あるいは国家の自衛権[6]というフィクションの是非を原理的に問いなおす論争は、回避される。

たとえば、前田哲男たちの「憲法九条維持のもとで、いかなる安全保障政策が可能か――『平和基本法』の再挑戦」[7]は、そうした構想を提案している。憲法の制約によって「現在にいたって

が武力攻撃を受けた場合に、自国への攻撃とみなして共同して武力を行使して反撃できる権利のことである。アメリカが強く主張して、国連憲章五一条に盛り込まれた規定。

6　国際法上、主権国家は、武力攻撃を受けた場合に防衛のために武力を行使できる権利を持っているとされる。この自衛権(自衛戦争を行う権利)は主権国家に固有の権利(自然権)だと言われるが、個人が有する緊急切迫のときの正当防衛の権利を、そのまま国家の正当防衛権にまで横すべりさせる論理には、個人と国家のレベルを混同してアナロジーしているという問題がある。

7　『世界』二〇〇五年六月号

も自衛隊は正規の軍隊ではない」が、その制約を取っ払って「自衛隊を軍隊と認めることによって海外での軍事活動を可能にする」企みである九条改憲に反対する、と。その場合、「違憲状態にある自衛隊」の「分割・縮小案」も提起されているとはいえ、「主権侵害行為を阻止し、排除する防御的な実力」、つまり「自衛力」をもつことは認められている。この提案は、自衛隊を「公然たる軍隊」、つまり「米国の始めた戦争に、地球のどこであれ、参加する」ことのできる軍隊にしないという一点で、反改憲の多数派世論を動員しようというわけである。

小林正弥の主張も、そうである。「戦後日本においても、国民の多数は事実上自衛隊を容認してきたから、有武装平和主義の立場を明確にするからといって戦後平和主義の精神を失うことに必ずしもならない」。「反侵略戦争の立場を貫徹するとともに、『専守防衛』の姿勢を明確にする必要がある。……『専守防衛』に必要な『防御的武力』は『必要悪』である」[8]、と。

「最小限防御力」や自衛隊の存在を認め専守防衛に徹して集団的自衛権の公然たる行使に反対するという一点で、反改憲の多数派を結集しようという路線は、多数派のねじれた平和主義の意識に適合しているから、リアリティがあるかに見える。しかし、こうした反改憲の論理では、九条を標的にする改憲の論理に対して有効な反撃を組めない、と私は考える。

消極的な改憲論

ここで、改憲の論理とはどのようなものかを見ておこう。

8　小林正弥『非戦の哲学』（二〇〇三年、ちくま新書）

9　樋口陽一「いま、憲

改憲の論理は、二つの論理から成り立っていて、両者が支え合っている。一つは、憲法のほうが現実＝現状からかけ離れているから、現実に合わせて憲法（規範）を変えるべきだ、という論理である。もう一つは、現実＝現状のほうに不満があるから、現実を変えるために憲法も変えるべきだ、という論理である。

前者が消極的で受動的な改憲論であるのに対して、後者は積極的で能動的な改憲論であると言える。樋口陽一は、九条問題に即して、前者を「いまの現実に条文の方を合わせよう」という「軟らかい九条非現実論」、後者を「『いまの現実』に不満だから条文を変えることによって、一段とちがった新しい『現実』をつくりだすべきだ」という「硬い九条非現実論」と呼んでいる。[9]

五〇年代の復古主義的な改憲論が行き詰まった後に登場してきた改憲論の主流は、前者の論理を前に出してきた。自衛隊や日米安保が存在する現実を認めよう、その現実に合わせて憲法のほうを変えるべきだ、と。それは、既成事実としての現実＝現状を所与として無批判に容認・追随する思考である。

しかし、日米安保の下で自衛隊が世界有数の装備を誇る軍隊になったが自らは戦争を行わず経済成長をとげて豊かになった「平和」な日本という現実を、しだいに多くの人びとが受け入れ肯定するようになった。しかも、解釈改憲[10]によって現状＝既成事実と憲法（規範）との距離が大きくなればなるほど、規範を踏みにじる為政者への怒りよりも、憲法が規範として働いていないことへの冷笑や蔑視がしだいに広がってきた。こうして、制定されてから半世紀以上経っているの

法九条を選択することは非現実的ではないか」（憲法再生フォーラム『改憲は必要か』二〇〇四年、岩波新書）

10　戦後日本の政府は、戦争の放棄、戦力の不保持と交戦権の否認を定めた憲法九条によって政府の自由（国家主権の行使である戦争を行う自由）を厳しく縛られた。自民党政権は、国民の抵抗の大きい憲法改正（九条を含む明文改憲）を回避して、憲法の恣意的な解釈によって縛りをつぎつぎに緩め、憲法に違反する既成事実を積み上げてきた。自衛隊を「戦力なき軍隊」だから憲法に違反しない存在だとしたり、イラク支援を「人道復興支援活動」だと称して「戦争に行く」海外派兵ではないと主張したのは、その典型である。

だから変化した現状に合わせて憲法もそろそろ変えたらよい（どこを変えるかは問わない）という消極的で受動的な改憲論が、多数派を掴んできた。

その論理は、「平和」な日本の現状を変えるのではなく、維持することに力点が置かれている。自民党の「新憲法草案」は、九条第二項（戦力保持と交戦権の否認）を削除し、「自衛軍の保持」と「国際社会の平和と安全を確保するために国際的に協調して行われる活動への参加」という内容に書き改めた。これは九条の核心を真っ向から否認するものだが、集団的自衛権の行使までは明記せず、自衛隊が実在し「国際協力」活動にすでに乗り出しているという現状に合わせただけだという見せかけをしているとも言える。最初に見たように、「国民」的多数派は、自衛隊の存在を認め、「憲法を改正して、自衛隊の存在を憲法に明記する」ことに賛成しているのだから、こうした九条改憲の提案であれば（「軍」という規定に抵抗感が残るとしても）受け入れる可能性がある。自民党も、民主党を抱きこんで「国民」的多数派の支持を確実に得ることのできる改憲案を作るためには、現状追認の装いをとる消極的な改憲の論理を表に出さざるをえない。

この改憲論を突き崩すためには、直接には戦争をしていない「平和」な日本という現実＝現状を抑圧的で耐えがたいものとして批判し拒否するという、いささか困難な作業が私たちの側に求められる。と同時に、この改憲論は、いまの日米の軍事的一体化に見られるように現実＝現状そのものが急激に質的な転換を見せると、綻びが生じかねないという弱点を抱えている。

積極的な改憲論

改憲をめざす政治勢力の本音は、いうまでもなく、現実＝現状のほうに問題があるから現実を変えるために憲法も変えるべきだ、という積極的な改憲論である。「九条を変えることによって、いままで不満足、不十分な仕方でしかできなかったことをちゃんとやれるようにしよう、その意味で新しい『現実』をつくりあげるべきだ」[11]（樋口）という論理である。

改憲勢力も、最近では積極的な改憲論を展開するようになっている。積極的な改憲の論理は、現実＝現状への不満や批判をバネにしてさまざまな形で語られる。

戦地に派遣された自衛隊が戦闘することを禁じられている、派兵の度ごとに特別措置法を作らねばならない、これでは国際貢献が十分にできないから九条による制約を取っ払うべきである。社会のなかで利己主義・個人主義がはびこって、家族が解体し公共心が失われている、その原因は二四条の存在と「国民の義務」規定の不在にある。だから二四条を改め、「国民の義務」規定を盛り込もう。官僚支配が根強く続き政・官・業の癒着がなくならない、だから「知る権利」を憲法に書き込み、情報公開が進むようにすべきである。環境破壊や大型開発にいぜんとしてブレーキがかかっていない、したがって改憲して環境権を明記する必要がある云々。

タカ派から市民派まで含めて、現状を変えるために憲法を変えるべきだという改憲論は、「改革」が叫ばれる政治の流れに乗って主張されるようになってきた。その集約点が「改革の総仕上げとしての改憲」論である。「閉塞状況の打開には国民生活をよくする装置として憲法を見直し、

11　樋口、前掲

日本社会全体を早い段階でリセットすることが必要だ[12]」、と。

現状に対する人びとの不満や不安の高まりを、市場主義的[13]「改革」に吸い上げ、その「改革」が生み出す新しい不満や不安（たとえば大リストラによる失業や低賃金で不安定就労の非正規雇用労働者の急増）をまた新しい「改革」幻想を打ち出すことによって吸収する。「改革」幻想をつぎつぎに繰り出してくる政治は、九三年の自民党一党支配の崩壊以降、長期の経済不況を背景にしながら橋本政権の「六大改革」から小泉「構造改革」へと、自民党・保守勢力の新しい政治手法となってきた。とくに小泉政治は、官僚支配や利権政治（「抵抗勢力」）を敵として叩く「改革」を巧みに演出した。その集約点として、改憲が持ち出されているのである。

閉塞した現実＝現状を変えるために憲法を変えるという論理は、現状への不満や不安がいっそう高まり「改革」への漠然たる支持が続いていることを背景にして、空気として広がっている。その空気は、現状に合わないから憲法を変えるという気分と共鳴し複合作用を起こすと、手強わい改憲ムードを作り出す。

とはいえ、積極的な改憲論には、大きな穴がある。改革すべき具体的な制度や仕組みと憲法とは、それぞれの法制度によってリンクしている。この結節点となる個々の法制度の改革をすっ飛ばして改憲を持ち出しても、そこには論理の飛躍、ムリがある。佐々木毅は、痛い所を突いている。「憲法問題を論じてさえいれば政治の責任が果たせるかのような議論に対しては、慎重な留保が必要ある。どれだけ憲法について論じても、年金問題に展望が開けるわけではない[14]」。

12　二〇〇四年一二月二日、衆院憲法調査会での自民党の船田元議員の発言

13　政府の規制や保護をなくして、すべての経済活動を市場の自由な競争に委ねることが経済の効率性を高め、経済の活性化と経済成長をもたらすという考え方。小泉政権は、この考え方に立って「構造改革」を押し進め、規制緩和、道路公団や郵政事業の民営化、地方自治体の公共サービスの民間委託などを行ってきた。

14　佐々木毅「21世紀型政府の構想示せ」（日本経済新聞二〇〇四年七月一四日）

ただし、積極的な改憲論の弱点は、同時に私たちの側が市場主義的「改革」のもたらす格差社会に対する怒りや不満を政治的エネルギーとして引き出し、反改憲運動に合流させる上での困難ともなる。後に述べるように、「改革」に対する抵抗や反撃のたたかいは、個別の政策や制度をめぐる攻防となり、憲法それ自体を焦点にはしないからである。

反改憲の論理を吟味する

それでは、改憲の論理に対抗する反改憲の論理は、どのようにあるべきだろうか。

一つは、積極的な改憲論を標的にして、日本の現状を憲法によって歯止めがかかっている「よりましな」現実として擁護し、「よりひどい」現実への現状変更に反対する。その立場から、歯止めとしての憲法を擁護するという論理である。

かつての護憲論は、現実＝現状（日米安保が結ばれ自衛隊が存在する、最低限の文化的生活が保障されていない人がいる）を違憲状態（九条や二五条に違反する）と見なし、この現状を憲法の規範に則って変えるべきだと主張して、運動を展開した（自衛隊違憲訴訟、隊員募集業務の拒否、朝日訴訟など）。しかし、対峙線が後退してきた現在、『平和基本法』の再挑戦」に代表されるように、「よりひどい現実」への改変、つまり米国の行う戦争にいつでもどこでも参加するという日米軍事一体化の進行を食い止めることに主眼を置く立場が台頭している。その制約によって現状を「よりましな現実」にしている憲法（九条）、あるいは現状変更に歯止めをかけている憲法を擁護しようとするのである。その場合、現状は肯定される、もしくは現状を肯定するか否かは争点から外される。

この現状を変えないために憲法を守るという反改憲の論理は、たしかに、現状を変えるために憲法を変えるという積極的な改憲論に対抗する点では有効であろう。しかも、海外派兵を含む日米軍事一体化という目に見える姿で現状が急激に変わり、人びとのなかに不安や疑念を新しく広げているいま、歯止めとしての護憲論はそれなりの説得力をもつだろう。

しかし、この論理は、守るべき「よりましな現実」が一歩一歩後退してくる（憲法との距離が開いてくる）につれて、対峙線もそのつど後退した地点で引きなおす（たとえばＰＫＯを含めて自衛隊の海外派兵を一切させない→米軍の戦闘行動に参加させない）ということの繰り返しになりがちである。そして、現状とあまりにかけ離れているから現状に合わせて憲法を変えたほうがよいという消極的な改憲論に対しては、鋭く切り込めない。消極的な改憲論をとる人びととは、現実＝現状のどこに容認しがたい問題があるかを突きつけて論争していく必要があるからだ。

反改憲のもう一つの論理は、現実＝現状を変革するために憲法を変えるべきでないという論理である。これは、消極的で受動的な改憲論を突き崩しながら、積極的な改憲論と対抗的に競り合おうという立場である。

人びとの現実＝現状に対する不満や不安は確実に強まっているが、改憲勢力は、この不満や不安を〝だから現状打開のために改憲しよう〟という世論へと誘導しようとする。これに対抗して、私たちはこの不満や批判を〝だから現状を変えるために改憲に反対しよう〟という声に結集することが必要だ。現状保守志向の反改憲、つまり現状を「よりましな現実」と考えて「よりひどい現実」にしないために改憲に反対するという論理や意識は、反改憲運動の広い戦線を形づくる上では重要な役割を果たす。しかし、消極的な改憲論と積極的な改憲論の両方を打ち破っていく鉾先になりうるのは、現実＝現状を根本から変えるために憲法を変えるべきではないという論理であり、この論理を鍛えあげなければならない、と私は考える。

現状変革を志向する反改憲論

しかし、この現状変革志向の反改憲の論理を鍛え上げることは、簡単な作業ではない。

この作業は、当たり前のことだが、日本の現実＝現状がいかに息苦しく生きにくいものであるかを、民衆（権力と富を持たない人びと）の視点から浮き彫りにしていくことからスタートする。

小泉政権は過去五年間、日本の現状を官僚支配と規制・保護の下で停滞した悪平等社会として描きだし、これを市場に委ねること（「官から民へ」）で改革するという枠組みをつくり、「改革」の旗印を独り占めすることに成功してきた。だが、その「改革」は格差社会という重苦しい現実を産み落とした。さらに、「9・11」後の米国の戦争への無条件支持の政策は、大きな負担を強いられる日米軍事一体化という現実にまで行き着いた一方で、韓国・中国との関係を危機的な状況に追いやってきた。その意味では、社会運動の側からこの現実＝現状をまったく別の方向へと根本的に転換していくオルタナティブを提示し、論争の舞台に乗せる好機が訪れていると言える。
現状変革志向の反改憲の論理はまず、現状を変えるために必要なことは憲法を変えることではない、それぞれの領域に即して法制度を改革したり新しく創りだせばよい、と主張する。例を挙げよう。

自衛隊の海外派兵を野放しにする恒久法の制定を阻み、逆に海外派兵を禁止し、市民を主体とする非軍事の国際協力活動を支援する法律を定める。日米ガイドラインを廃棄し、周辺事態法や有事関連法を廃止する。地方自治体が戦争協力や港湾・道路の軍事利用を認めない非軍事化の条例を制定する。労働しているかどうかに関わりなく外国人を含むすべての人に最低限の生活ができる「基本所得」を保障することを定めた社会保障基本法を作る。正社員と非正社員の差別待遇の禁止を法律（パート労働法）に書き込む。あるいは人種差別禁止法や外国人人権法を制定する。

こうした具体的な政策提起は、積極的な改憲論の抱える論理の飛躍を的確に突くことができる。また、その憲法上の根拠として九条や二五条（生存権）を引っ張り出し、確認することもできる。しかし、この主張だけでは、個別の法制定（法創造）を行えばよく、憲法をわざわざ変えなくてもよいという、消極的な改憲反対論にとどまってしまう。

より積極的に憲法を変えてはならないと主張するためには、社会編成の原理と原理のぶつかりあいの次元にまで論争を競り上げる必要がある。社会や国家を成り立たせる原理・原則をめぐる論争に、多くの人びとを巻きこまなければならないのである。そのことは、一連の改憲案が提示する国家・社会像に対して、社会運動の側から民衆の視点に立ったオルタナティブな国家・社会像を対置することによって可能となる。

「護憲」を越えるオルタナティブの対置

オルタナティブの構想と対置は、自民党をはじめ一連の改憲案の醜悪さや支離滅裂ぶりを浮かび上がらせる。と同時に、現憲法の絶対平和主義、人権とそれを保障する立憲主義、生存権の保障[15]といった原理の普遍性を逆に照らし出す。

しかし、社会運動の側が構想し対置するオルタナティブは、現憲法の内容にだけは囚われないし、その枠組みには収まりきらない。天皇条項の否定・削除は当然のことだが、原理・原則のリストも、現憲法のそれを越える。

国家の非軍事化・非武装化という九条の原理は、戦争責任の明確化と東アジアの非軍事化という規定にまで拡張される。同時に、非暴力・反暴力の社会（たとえば女性や子どもへの暴力をなくす社会）という原理にまで深められなければならない。人権保障は、「国民」への限定を明確に取り払って、外国人を含む文字どおり普遍的なものとされる。生存権の保障は、「自己責任」論を否定した社会的連帯の原理にまで発展させられる必要がある。

「護憲」は、現憲法の原理や条文がいかにすばらしいものであるかを称揚して、改憲に反対する。オルタナティブの対置は、支配勢力と民衆との現在の攻防の場で、何が対抗原理であるかを明確

15　直接には憲法二五条の「すべて国民は、健康で文化的な生活を営む権利を有する」という規定に見られるように、人間らしい最低限の生活を営む権利のことである。現在では、憲法前文にある「全世界の国民が、ひとしく恐怖と欠乏から免かれ、平和のうちに生存する権利を有する」という平和生存権にまで拡張されている。生存権は、労働しているか否か、自己決定能力を持っているか否かに関わりなく、人間としての生存を保障する権利として意味づけられている。

にする。そのなかで、現憲法の主要な原理をどのように発展させ深めるべきかを論じることによって、改憲に反対する。そのことは、現憲法の主要な原理の現代的な意味を明らかにすることでもある。

しかし、たとえば市場主義的「改革」をめぐる攻防は、現憲法の原則や条文から独立した次元で展開されている。「改革」を推進する勢力は、改憲して「小さな政府」の理念を書きこんだり二五条を削るまでもなく、雇用の流動化や民営化や社会保障の削減をどんどん進めている。これに抵抗する原理を立てるためには、二五条を持ち出すだけではまったく不十分である。公共サービスのあり方に即して、「公共性」を原理的に再定義することがどうしても必要になる。[16] 市民的公共性の原理は、現憲法の「公共の福祉」や「公共」の規定をはるかに越えるものであり、異質である。

「市民の憲法草案」づくりは有効か

このように、私たちの側が対置するオルタナティブは、現憲法の主要な原理をリストに含むが、それだけに限定されない。そこから、改憲勢力の改憲案に対置するオルタナティブを、「市民（民衆）の憲法草案」という形で作成しようという提案や発想が、避けがたく出てくる。「市民の憲法草案」を作る試みがあってもよいし、それが国家・社会像をめぐる論争を活性化する上で有効な役割をするだろう、と私は考える。しかし、オルタナティブな社会像は、憲法、す

16　私は、公共サービスの公共性を「①公平性、②社会的必要性の充足、③安全性、④民主主義的決定、そして⑤公正労働基準」と再定義してみた（「民営化に対抗する原則をどう立てるか」『ピープルズ・プラン』第二八号、二〇〇四年秋）。

なわち政府の自由を縛り政府の義務だけを定めて市民の人権を保障する国家の基本ルールという形には集約しきれない。あまりにも多くの大事な中身が、憲法という形式からはみ出してしまうからである。

まして、国家のあり方を含むオルタナティブな社会像は、最初から日本一国の枠組みを越えたものとして構想される。それは、平和と安全に関わる分野から人権保障や政治的決定の仕組み、さらに経済の分野にまで広がる。オルタナティブの大前提は、米国に頼っておれば大丈夫といった戦後日本の惰性的あり方から根本的に脱け出すことである。軍事・経済・文化の極端な日米一体化の体制から抜けだし、アジア諸国との協力・共生を優先する方向へと大胆に転換することである。

小泉の靖国参拝への批判から九条改憲の動きに対する警告へと、東アジア諸国の批判は日増しに強まっている。たとえばノムヒョン韓国大統領の口調は厳しく、内容は的を射ている。「日本は自衛隊の海外派兵の法的根拠を準備し、再軍備議論を活発にしている。我々の苦しい過去を思い出させ、未来を不安にしている」[17]。「日本が世界の指導的国家になろうとするなら法を変えて軍備を強化するのではなく、人類の良心と道理にあわせて行動し国際社会の信頼を確保するのが正しい道である」[18]。

この批判と忠告に対して「内政干渉だ」と排外主義的に反発するのか。それとも、自省的に受け止めて対米依存・従属の惰性から脱し、東アジア諸国とともに歩む道へ自ら転進するのか。こ

17　ノム・ヒョン、二〇〇五年三月二三日の談話

18　同、二〇〇六年三月一日演説

の選択が否応なく問われている現在、反改憲運動は、世界のなかでの日本の位置を定めるたたかいとなる。その意味で、私たちの側のオルタナティブを、日本一国の国家のルールを定める憲法（「市民の憲法」草案）という形に閉じこめる発想に、私は大いに疑問がある。東アジアという広がりのなかでの日本社会のオルタナティブは、国境を越える市民の交流と対話を通じて共同の宣言や憲章という形で作られ、書き換えられていく方法がふさわしい。

ましてや、「市民案を国会に上程し、場合によっては、たぶん、政府あるいは有力な政党や議員が作るだろうさまざまの憲法改正案とあわせて、これも同様な資格をもつ案として一緒に国民投票の対象にさせたい[19]」という発想は、転倒している。改憲をめぐる争点は、憲法改正発議権を国会が独占するのか、それとも「国民」にあるのかということにはないはずだからである。そうした発想は、「国民」的多数派に受け入れられる内容の憲法草案を作るという誘惑にはまって、内容をみすぼらしいものに限定してしまう。

私たちの側から提示するオルタナティブは、多数派のねじれた平和主義の意識に裂け目を入れ、そこに潜んでいる絶対平和主義の原理や人権原理に対する共感を引き出し確信するように働きかけるものなのである。

19　五十嵐敬喜『市民の憲法』（二〇〇二年、早川書房）

第２章

「護憲派」ではなかった活動家にとって「改憲阻止」とは

国富 建治

くにとみ けんじ
1948年生。全共闘運動を通じて新左翼運動に参加。反戦・反安保運動を担う。週刊「かけはし」編集委員。

「平和日本の民となる」

東京の市民運動関係の集会でもしばしば使用する原宿駅近くの千駄ヶ谷区民会館。その道一つ先の明治通りに面して斜向かいのところに渋谷区立千駄ヶ谷小学校がある。一九六一年に私が卒業した小学校である。

千駄ヶ谷小学校の校歌の三番は「世界の国に先駆けて戦争捨てた憲法の…」から始まり「平和日本の民となる。これがわれらの将来だ」で終わる典型的な「戦後民主主義の心意気」とでもいうべき歌詞だ。ところで一九五一年に作られたというその校歌の一番は「常磐の緑、玉の砂、清（すが）し明治神宮の宮居間近く、朝ごとに勇み勇んで通い行くこれがわれらの学校だ」という「天皇制」に直結した歌詞であり、「第一章天皇」と「第二章戦争放棄」を結びつけた、いかにも「日本国憲法」の枠組みそのものを体現するような内容であった。

こんなことから書き出したのは、私がその歌詞になんとなく「気恥ずかしさ」のようなものを感じていて、好きではなかったからだ。

私たち戦後生まれの「団塊の世代」[1]は、戦争の体験もなければ、天皇制帝国主義の軍事的・警察的抑圧も経験していない。したがって敗戦がもたらした解放感とも、価値観の転換とも、平和憲法の有り難さの実感とも無縁であった。「憲法」や民主主義は既成事実としてすでに私たちの前に存在していた。しかも「戦争」も「陸海空軍その他の戦力」も放棄した憲法の下で、物心ついた時には自衛隊がすでにアジア有数の軍隊として成長を続けていた。校歌への私の「気恥ずかしさ」は、「平

1　一九四七〜五〇年の戦後第一次「ベビーブーム」で生まれた世代で、いわゆる「全共闘世代」と重なっている。

和憲法讃歌」への「居心地の悪さ」に起因していたのではないかと思う。

教師たちは建前としては民主主義と平和の大切さを教えていた。しかし私たちが小学生の頃の男の教師といえば、兵隊としてアジア太平洋戦争に従軍していた人が多かった。その人たちは、よく兵隊時代の戦争体験を教室で「懐かしさ」を交えて語っていた。そこには言うまでもなく侵略戦争への「反省」や「謝罪」などみじんもなかった。それどころか「被害者意識」すらもほとんど感じられなかった。五年生の時の担任だった教師にいたっては、捕虜となった米兵を斬首した話（ホラだったかもしれないが）を得々と話すほどだった。

吉田裕は、私の中学生時代、「高度経済成長」まっ只中の一九六〇年代前半に、『少年サンデー』や『少年マガジン』といった小中学生向け週刊マンガ誌に「戦記もの」が異常に流行していたことを紹介している。[2] そう言えば、私もふくめて時ならぬ「軍国少年」の群れが生み出されたのもこの六〇年安保後の時代であったと記憶している。子ども向けのマンガだけの話だけではない。大人たちの「回想録」的戦記の中でも、この時期に「戦争体験」の「読み替え」が行われ、「高度成長を支える『働きバチ』たちに人生の指針を与える修養の書」（たとえばゼロ戦のエースパイロットだった坂井三郎の『続　大空のサムライ』）という位置づけが与えられたことを吉田は前掲書の中で指摘している。

「戦後憲法」体制への抑圧感

2　吉田裕『日本人の戦争観――戦後史の中の変容』（岩波書店、一九九五年）。現在、岩波現代文庫版で刊行されている。

最初に述べた「戦後憲法」的なものへの「気恥ずかしさ」的感覚は、一九六〇年代の後半、二十歳に近づくにつれて次第に抑圧感へと変化していった。つまり政治的な反権力の意識が芽生えていくにつれて、「戦後憲法」とは私たちの上にのしかかる「体制」そのもののように感じざるをえなかったからである。

「平和」とはベトナム侵略戦争の出撃拠点となった日本の現実の別名であり、「民主主義」とは資本と私有財産制の「秩序」であり、「権利」という言葉は実質的な権利を剥奪された者の平等要求を拒否することを隠蔽するために使用されていた。総じて言えば、「平和憲法」にもかかわらず軍事同盟としての日米安保は強化されていたのであり、七〇年安保粉砕を最大の政治テーマとしていた私たちにとって、「護憲」スローガンは安保という実体への闘いからの召還として意識されていた。ウォーラーステインが言う「一九六八年反乱」が国際的に示したこうした価値観は、同時に「戦後平和と民主主義」を体現する「革新」派への疑問と批判であり、「戦後憲法」体制への反乱を意味していた。

逆に言うと、この「戦後憲法体制」への批判が、多くの場合右翼国家主義と結びつかなかったという事実は、「平和と民主主義」の政治的枠組みが建前としては依然として強固なものであり、労働者運動をベースにした革命の展望を前提とするかぎり、それを「左の側から変革する」という意識が、それなりの現実性を持っていたからであろう。またアメリカ帝国主義の侵略戦争に対して民族解放をめざすベトナムの武装抵抗闘争が、反帝国主義革命の世界的発展の可能性を提示していたためであろう。

当時の新左翼運動の活動家は、一時代前の「戦争」と「貧困」から脱出する道としての社会主義の展望を通じてマルクス主義に接近するというあり方ではなく、資本主義の高度経済成長とその機構の「歯車」に青年を組み込む体制への拒否の意識を、初期マルクスの「疎外」[3]論を契機として論理化するという傾向をもっていたことに一つの特徴があったと思われる。したがって私の記憶では、広義新左翼系[4]の人びとの間では「憲法」への関心はきわめて希薄だった。もちろん五五年体制下で、「自主憲法制定」を党是としていた自民党も、憲法「改正」を日程に載せる状況ではなかったことも、そうした「憲法」への意識が希薄だったことの背景だった。

憲法を論じる際に私たちは日本国憲法を「ブルジョア憲法」としてその限界を指摘することに比重を置いていた。たとえば当時の多くの学生たちが近代思想の教科書的な入門書として読んでいた高島善哉、水田洋、平田清明の共著『社会思想史概論』[5]は、「第一部　人間の解放」「第二部　民族の解放」「第三部　階級の解放」の三部構成であり、そこでは「市民社会」における「個人」から、資本主義の全般的支配の下における「階級」へと「解放の主体」が歴史段階的に変化していったことを論理づける方向での体系化がなされていた。これは左翼的な人びとにとっては「常識」の部類に属するものであり、一般的整理としては誤りではない。そして「日本国憲法」のうたった「国民主権」や「基本的人権」の内容は、民主主義における「ブルジョア」的段階の産物であり、それはより高次のプロレタリア階級的な民主主義によって止揚されなければならないと

3　マルクスの「疎外」概念については、「経済学哲学草稿」（一八四四年）などを参照。マルクスは、ここで資本主義社会における労働者の非人間的な現実を、彼の労働の成果としての生産物が彼自身に対して疎遠で敵対的なものとしてあらわれること、その根拠を、彼の活動としての労働そのものが、彼にとって外的で敵対的なものであることに見出した。

4　「新左翼」は既存の「社会主義国家」の官僚的全体主義や、共産党、社会党を批判して登場し、一九六〇年代後半のラディカルな青年・学生運動を主導した。ここで「広義新左翼」と述べたのは、新左翼の政治組織だけではなく、ラディカルな運動を担った無党派の活動家層も含めた共通

いう判断がそこから導きだされる。

私たちは日本国憲法が理念としている民主主義や基本的人権が、すでに現実のものとして社会の中に確立されていたと考えていたわけではない。しかしそうした理念が現実化していないありかたを、日本国憲法のブルジョア的本質そのものに内在する限界として断定的に切り捨てる傾向にあったことは間違いないだろう。最も巷間に流布したマルクス主義入門書であるエンゲルスの『空想から科学への社会主義の発展』[5]でも、フランス革命から十九世紀の一連のブルジョア革命を主導することになった、啓蒙的理性が触発する「自由」と「平等」と「人権」の理念、総じて言えば「革命的民主主義」に対する過小評価があったことを、当時の私の愛読書であったA・ローゼンベルクの『近代政治史』[6]は指摘している。しかし私は、元ドイツ共産党左派のメンバーで、離党して以後もナチズムとの闘いに挺身し、亡命先で客死したローゼンベルクの批判の意味を十分にとらえかえすことができなかった。

「革命」と憲法問題

私たちの、憲法に対する態度は決して「護憲」ではありえなかった。それならば私たちは「左からの改憲派」だったのか。そうではない。

私たちは、憲法問題は、何よりも「国家権力」の問題であると意識していた。天皇制は、戦後のアメリカを軸にした帝国主義世界体制の一翼として従属的に再建された日本の帝国主義国家制

の政治・社会意識があったと捉えているため。

5　岩波書店刊（一九六二年初版）

6　みすず書房、一九六八年初版。原題は『民主主義と社会主義』で一九三八年刊。

度に埋め込まれた装置であって、その廃絶という課題は、ブルジョア国家権力を打倒する革命の勝利によってしか解決されないと考えていた。したがって革命に勝利した労働者権力が、「憲法制定権力」として「憲法制定議会」を招集し、その正統性を確立することによって「社会主義共和国憲法」を制定するという図式を描いていた。法的手続きは問題ではなかった。革命権力こそが「法」であった。この急進的革命主義がロシア革命モデルを念頭に置いていたことは言うまでもない。「国家」とは一階級が他の階級を支配し、抑圧するための道具であり、「憲法」は支配階級の独裁を合法的に制度化するものであり、「日本国憲法」もまたそうしたブルジョアジーの支配を正統化するための装置である——このような立場が、レーニン主義に立脚する「革命派」のほぼ共通した理解であった。

さらに私たちは憲法九条の「戦争放棄」「戦力放棄」条項との関係で、自衛隊を憲法違反としてとらえてはいたものの、憲法九条にのっとって自衛隊を「解散」すべきだという主張を行っていたわけではなかった。一九六九年の航空自衛隊小西誠三曹の決起[7]を契機とした反軍闘争の展開の中で、私たちは「九条違憲論」に立った反自衛隊闘争を「平和主義」として批判し、下級兵士の「民主主義的諸権利の獲得」という立場から、その活動を防衛し「隊内反乱」を組織するという方針を打ち出していた。この点で私たちは、プルジョア国家における「軍隊の廃止」という当時の社会党などの主張を「幻想的平和主義」として批判していた。なによりも当時の新左翼にとって、「国家」はレーニンが『国家と革命』で述べたように「階級対立の非和解性の産物」であり、

7　小西誠は航空自衛隊佐渡レーザー基地に三曹として任務についていた一九六九年一一月、自衛隊の治安出動訓練に反対し、「デモ隊は敵ではない」と訴えるビラをまいて逮捕された。小西誠三曹のこの決起を、当時の新左翼は全面的に支援し、自衛隊兵士を主体とした反軍闘争が展開された。

「武装した人間の特殊な部隊」なのであって、勝利した革命権力としての「プロレタリアート独裁」もまた搾取階級を抑圧するための「暴力装置」を備えた「武装国家」だったからである（日本共産党の六一年綱領をめぐる論争から出発した構造改革派の先進国革命論は本来それとは異なっていただろう。しかし構造改革派を源流とする新左翼の多くも、当時は事実上「レーニン主義化」していたのである）。

こうした立場からすれば、たとえば天皇制をふくむ現憲法の一つひとつの問題点を合法的・合憲的に「改正」するという方針は成立しなかった。トータルな急進的革命主義が私たちを支配していたのであり、憲法にかかわるすべては「権力」の問題として解決されるという一般的図式を描いていたのである。

もちろん、敢えて弁明すれば私はそうした観念が作りだす欠陥にまったく気づいていなかったわけではない。たとえば、保守派が青年たちの行動様式について「自由のはき違え」とか「権利ばかり主張して義務をわきまえない」と断罪することとの関係で、むしろ左翼の中でも憲法が保障する「民主主義的権利と自由」を権力に対して徹底的に主張する意識が乏しいことに時として いらだっていた。私自身もふくめた「多数派」的な周囲の環境や圧力への妥協というところにそれが表れていた。「個人としての自立」感覚の欠如である。「内ゲバ」[8]に代表される左翼内部における初歩的民主主義の否定もその一つだった。

そして、ソ連、中国、東欧などのスターリン主義体制が、帝国主義諸国のブルジョア憲法が保

8　左翼内部の意見の対立が、物理的暴力の行使にまでエスカレートする事態。「内部ゲバルト（暴力）」の略。新左翼間の「内ゲバ」は、一九七〇年代に入って革マル派、中核派、解放派などの間で「殺し合い」にまで拡大し、百数十人の活動家の生命が失われ、大衆運動に大きな打撃を与えることになった。

障する基本的人権を実質的に否定する独裁国家にほかならないことについても私たちは自覚していた。こうした点で民主主義理念の決定的重要性に関して、私たちは気づいていないわけではなかった。しかしそれらの問題について、もっと深めてとらえなおす作業を始めることができなかった。

主体的には、私たちの内部の「男性支配」と女性差別問題がそうした欠陥を繰り返し意識化するための端著であったが、その過程で女性メンバーは私たちの組織（当時の第四インター日本支部[9]）を離れた。

日本共産党と憲法論

革命と憲法との関係のこうした「権力闘争」的理解は日本共産党にとってもあてはまる。彼らがごく最近にいたるまで決して「護憲」という用語を党の立場としては使っていなかったことは、よく知られている。日本共産党の旧綱領（一九六一年綱領）は、「現行憲法は、……一面では平和的民主的条項をもっているが、他面では天皇の地位についての条項などわが党が民主主義的変革を徹底する立場から提起した『人民共和国憲法草案』の方向に反する反動的なものをのこしている」と規定していた。したがって党の「当面する行動綱領」における憲法問題に対する方針は、「憲法改悪に反対し、憲法に保障された平和的民主的諸条項の完全実施を要求してたたかう」であって、「護憲」ではなかったのである。「民族民主統一戦線政府」を「革命の政府」に転化し、「独

9　第四インターナショナル日本支部。第四インターナショナルは、スターリンの独裁体制を批判してソ連邦から追放されたトロツキーとその支持者が一九三八年に結成した共産主義者の国際組織。第四インターナショナルを支持する日本の組織は一九五七年に結成され、日本における新左翼の出発点となった。

占資本の政治的・経済的支配の復活を阻止し、君主制を廃止し、反動的国家機構を根本的に変革して人民共和国をつく」ることを掲げていた日本共産党の六一年綱領の立場も、そうした国家論・革命論とは無縁ではなかった。

一九七二年総選挙での躍進を受けた一九七三年の日本共産党「民主連合政府綱領提案」への上田耕一郎報告（一九七三年十一月中央委員会）では次のように述べている。

「（現憲法制定の）当時、より徹底した民主主義的憲法の制定をめざして奮闘したわが党が、現行憲法の平和的・民主的条項を積極的に評価するとともに、反動的な天皇条項を残し、反戦平和と主権擁護、民主主義の点で不徹底な面をもつ現行憲法を無上のものとして絶対視する態度をとっていないのは、当然のことです」。「より進歩的な社会をめざしている党であるならば、日本の社会が新しい歴史的段階に前進したときには、より民主的な憲法の必要を展望することは当然でしょう」。「……以上の立場からわが党は、将来日本が独立、民主、平和、中立の道を進み、さらに社会主義日本に前進する過程で、日本国民の意思にもとづいて真に民主的な、独立日本にふさわしい憲法をもつ時期がくるという、歴史的な展望をもっています」（新日本文庫『科学的社会主義と自由・民主主義』より）。

しかし一九七六年七月の第十三回臨時党大会で採択された「自由と民主主義の宣言」では、「日本では、戦後の改革によって国民主権と議会制民主主義の政治制度、一定の市民的政治的自由などが、憲法上確立され、これらはいろいろの反動的攻撃にさらされながらも、民主主義のための闘争における日本国民の重要な獲得物となっている」「現憲法は、その平和的、民主的な条項の大きな柱として、憲法五原則をもっている。1国民主権と国家主権、2恒久平和、3基本的人権、4議会制民主主義、5地方自治という、この憲法五原則を将来ともに守り、さらに充実、発展させる」と述べており、戦後憲法の「反動的側面」への言及はなく、むしろその積極的な「獲得物」としての側面を強調する、という変化が見られた。

そして二〇〇四年一月の第二十三回党大会で採択された新綱領は、現憲法に関して次のようにその評価を変えた。

「この憲法は、主権在民、戦争の放棄、国民の基本的人権、国権の最高機関としての国会の地位、地方自治など、民主政治の柱となる一連の民主的平和的条項を定めた。形を変えて天皇制の存続を認めた天皇条項は、民主主義の徹底に逆行する弱点を残したものだったが、そこでも、天皇は『国政に関する権能を有しない』ことなどの制限条項が明記された。／この変化によって、日本の政治史上はじめて国民の多数の意思にもとづき、国会を通じて、社会の進歩と変革を進めるという道すじが、制度面で準備されることになった」。

新綱領の「民主主義革命と民主連合政府」の項では、「現行憲法の前文をふくむ全条項をまもり、とくに平和的民主的諸条項の完全実施をめざす」ことが提起されている。すなわち日本共産党は革命の事業が憲法に沿って実現されることを確認したのである。日本共産党は名実ともに「護憲の党」になった。

「社会主義の崩壊」と「護憲」をめぐる問い

私たちが、旧来の「国家論」「革命論」を本格的に見直し始めたのは、一九八九年～九一年の東欧・ソ連におけるスターリン主義的「社会主義国家」の崩壊を決定的な契機にした世界情勢の歴史的転換を通じてであった。私たちが批判してきた「スターリニズム体制」の崩壊は、決して私たちにとっても無関係なものではなかった。それは、私たちが依拠してきた革命論の再考や、「民主主義」と「社会主義」の関連についての、突っ込んだ総括と整理を要請した。この時代は湾岸戦争を契機に、「一国平和主義」批判が自民党など支配階級の中から吹き荒れ、「国際貢献」を看板に自衛隊海外派兵を正当化するための改憲攻勢が新たに始まった時期とも重なり合っていた。

「護憲論」の牙城であった社会党の中からも、ＰＫＯ派兵法成立を前後して「絶対平和主義」的護憲派批判の動きが作りだされ、それまでの反戦平和運動の中からも京都の青木雅彦（反戦ドタバタ会議）の「ハーフオプション」論（反戦運動の側が自衛隊違憲論という「非現実的でかたくなな」姿勢を改め、自衛隊を「合憲」と認めた上で、段階的に自衛隊を半減し、余った軍事費を「国際貢献」にまわせ、という主張）や、前田哲男、和田春樹、山口二郎らによる「平和基本法」の提起[10]がなされた。それは、「憲法九条」をめぐる攻防が新しい段階に入ったことを意味していた。

一九九四年七月、自民・社会・さきがけの三党連立政権首班となった社会党の村山富市は、自衛隊を「合憲」とし日米安保を堅持することを明らかにした。日米安保と共存する「護憲」論の矛

10 『世界』一九九三年四月号掲載。現行憲法は「個別的自衛権」を認めているとした上で、主権侵害行為から国土を防衛するための実力の保持と、国連を中心とした「集団的安全保障機構」の確立を提案した。

盾がのっぴきならない段階にまで立ち至ったのである。

こうした状況の下で、一九九三年には山川暁夫らによる「九条改憲阻止の緊急行動と民衆の憲章づくり運動——新護憲の三千語宣言」が提起された。「新護憲」宣言は、「『武力国際貢献』をめざす新たな攻撃に対して、『普遍的人権』を対置する民衆の立場」を対置し、「これまでの護憲運動の制約と限界をこえた新しい護憲運動の展開」を訴えた。それは「自衛隊の存在や派兵などを、各種の『基本法』を積み重ねながら追認・許容する事実上の改憲ないし新手の『解釈改憲』路線」や「安保・自衛隊・派兵・原発の容認を前提とした『創憲』路線」を批判した。

「宣言」が「新護憲」と銘うったゆえんは、「これまでの護憲は、日本だけの利害を基準にした『一国護憲』の域にとどまってはいなかったか」と疑問を提示したことにある。そして「新しい憲法原理」を自らのものとしていくための「草の根の憲章」づくりを提案したことにある。

ここでは「先住民族や在日の外国人の普遍的人権の擁護」「特権的政治と専制的管理への弾劾権、抵抗権」や、地方分権の徹底、企業中心主義と男性中心社会からの転換、世界の民衆・民族間の共存、環境権の確立による自然との共生などがうたわれていた。すなわち、「一九六八年反乱」から出発した普遍的な平等・人権の要求、フェミニズムやエコロジーを基礎にした「新しい社会運動」的要素を土台に、「戦後革新」的一国平和主義の護憲運動を突破することによって支配階級の改憲攻勢の開始をはねかえそうという問題意識がそこに示されていたのである。

しかし「新」の字がついたとしても、決して「護憲」派ではなかった私たちにとっては、あらためて自らの「日本国憲法」に対するとらえ方を整理・総括する必要があった。私は当時、この「新護憲」の問題提起について次のように書いた。

「言うまでもなく、われわれは現行憲法がブルジョア憲法として、資本の支配を正当化する役割を果たしてきたと見なしてきたし、現在もそう評価している」「憲法がつまるところ『国家権力』の問題である、ということは依然として事実である。しかし、大衆蜂起を土台にした権力奪取という革命展望に基づいた伝統的戦略が、今日的な現実性を持ちえず、社会主義をめざす運動がその直接性においてはきわめて困難な状況の中で、憲法問題においてもわれわれの考え方自身の再整理が求められている」「現に、右からの憲法改悪攻撃とともに、戦後憲法のブルジョア『国民主義』的性格に対する普遍的人権や民主主義の立場からする挑戦が始まっているとき、憲法を『権力の問題』に委ねるという最後通牒的態度はむしろ反動的である」（『世界革命』[11]紙九三年四月一二日号）。そしてここで私は、「新護憲」の「民衆の憲章づくり」を、「新しい左翼運動の基準」の問題としてとらえ、「『環境・自治・人権・平等・平和』といった幾つかの要素を系統的に徹底して追求する民主主義的大衆運動」として展開することを訴えた。

この時の問題意識は、私の中ではそれ以上に深められなかった。私の政治的スタンスは、実際の運動はリベラル民主主義的要素をふくんで展開されるしかないことを理解した上で、それとの独立した意識を保ちながら自らが「リベラルの罠」に陥ることを拒否しつつ、運動の自立性を防衛しなければならない、というものだった。そして旧来の「国民主義的護憲」の壁を、新しい政

11 「世界革命」は、第四インター系の日本革命的共産主義者同盟（JRCL）の週刊機関紙。一九九六年に紙名を「かけはし」に変更。

治的・社会的要求を実現する運動によってこじあけるという「新護憲」の展望は、労働運動や市民運動など、社会運動のいっそうの後退局面の中で、ますます現実から遠ざかることになった。社会運動の諸要素が「制度圏」との関係で「参加・提言」の道に傾斜することにより、改憲派はむしろそれらを取り込んで、現憲法が「時代の要請」に対応しない「古臭い」ものになったとする主張の補強材料にしようとしてきたのである。

現在の改憲攻勢に直面して

それでは九条改悪を軸にして、現憲法をまるごと作り替え、国家・社会のあり方を転換し、平和主義、民主主義と基本的人権を国家主義的に破壊しようとする現在の憲法改悪の狙いにどう立ち向かおうとするのか。そのためには決して「護憲派」ではなかった私たちが、今日の状況の中で、現憲法の理念をどのように捉えなおすのか、という作業が改めて必要になる。それは当然にも、改憲派が現憲法の何を解体しようとしているのか、という作業とセットである。

自民党新憲法草案に端的に示される国家構想は、すでに多くの論者が指摘するように、現憲法の三原則（国民主権、基本的人権、平和主義）を換骨奪胎し、「国家」を主体にして「国家と国民の関係」を転倒させようとする意図に貫かれている。「前文」で「象徴天皇制はこれを維持する」という一句が挿入された。象徴天皇制は「三原則」にプラスされて憲法原理の一つを構成するものとなった。「公共の福祉」が「公益及び公の秩序」に置き換えられることにより、基本的人権は「国益及び国家秩序」に従属されられることになった。それは「国民の責務」という副題がついた第一二条で、「自由及び権利には責任及び義務が伴うことを自覚しつつ、常に公益及び公共の秩序に反しないように自由を享受し、権利を行使する義務を負う」とされたことを見れば明らかである。そして九条の「戦争の放棄」も「安全保障」に置き換えられた。全面書き換えられた九条二項において設置された「自衛軍」は、「国際社会の平和と安全を確保する」ための活動にも従事することになる。「自衛」どころか「国連」の縛りもない「対テロ」先制攻撃戦争にも実戦部隊として動員することを可能にする条項であることは、この間のグローバルな日米軍事一体化(「日米同盟・未来のための変革と再編」)の姿を見れば容易に理解できることだろう。これも多くの人が言うように、こうした「新憲法」は権力を制限する原理としての近代憲法の「立憲主義」を根本的に破壊する思想に貫かれている。

このような国家主義丸だしの「壊憲」の意図に対しては、「護憲派」としての歩みを経験してこなかった私たちであってもシニカルにはなりえない。そのための出発点は現憲法の「三原則」を徹底して実践しようとするところ以外には見いだせない。そのようにして始めることは決してご都合主義ではないと私は思う。かつて「新護憲の三千語宣言」が提起しようとした「一国護憲主義」を超えようとする運動は、さまざまな限界と欠陥を抱えているにもかかわらず現行憲法の破壊に抗し、現憲法の最良の部分を擁護しようとする労働者・市民の意思の共同性をベースにして出発する以外にないと考えるからである。そして、真に大衆的な変革の運動が、大多数の人びとが持っている「意識の保守性」から出発し、運動自身の中で、自らの「保守的」な意識を急速に変革していくダイナミズムを伴っていたことは世界各地の歴史の中から読み取れることである。

日本国憲法の「平和主義」は、悲惨きわまる沖縄戦とその後の米軍占領支配から続く基地と軍隊に対する沖縄の人びとの闘いとして、最も積極的な形で継承されている。

「民主主義的主権」と「人権」の運動が、地域の住民運動や、差別・排除に抵抗して、孤立しながらも憲法を武器にして一つひとつ壁を崩し、権利を勝ち取ってきた数多くの人びとの経験を通じて積み重ねられてきたことをも私たちは知っている。

新自由主義的グローバリゼーションによる「弱肉強食」競争社会の中で、労働者の権利ははぎとられ、失業や不安定雇用と生活できない低賃金層が急速に拡大している。「自己責任」の名の下に「権利としての福祉」の主張は一掃されようとしている。しかし、欧米諸国との対比で見ても、日本の労働運動はこの三十年間、社会の機能を一時的にストップさせるような集団的抵抗の闘いを組織することができない異常な事態である。それを反転させる闘いは、憲法が保障する自らの権利を自らの意思と行動によって実現するという一人ひとりの決断と連帯によって作りだされる。

私たちは、それをあえて「護憲」運動と総称する必要はない。しかし現在、確実に政治日程に載せられている憲法改悪＝「戦争国家」体制づくりと民主主義・人権の破壊に抗する運動は、私たち自身が日本国憲法の言う「この憲法が国民に保障する自由及び権利は、国民の不断の努力によって、これを保持しなければならない」を実践するところからスタートするしかないのではないか。

「革命」とは、という再度の自問

それでは「護憲派」ではなかった私たちにとって、九条改悪を軸にした憲法改悪に反対する課題は、全般的な「体制変革」のための運動にどう位置づけられているのか。

最近、顔も見知らぬある人との数度にわたるメールのやり取りの中で、「あなた方の言うグローバルな『平和・公正・人権・民主主義』の追求という方向性は、日本国憲法の完全な実現というテーマと、どう違うのか。資本主義に反対し社会主義をめざす必要はないのではないか」という趣旨の質問が寄せられた。これはかなり本質的な問いである。

私はとりあえず次のように考えた。今日の資本のグローバリゼーションは、地球規模での市場化、商品化と軍事化を通じて、人間生活と自然の破壊、不平等、不公正を作りだしている。それに抵抗する闘いは、個々人の尊厳に立脚して資本の支配秩序にかわる平等で公正なオルタナティブな世界を実現しようとする共同の努力を必要とするだろう。

この「平等で公正な解放へのオルタナティブ」への闘い、革命に向かう闘いは、一挙的な「奇襲攻撃」によって達成されるわけではない。それは支配的な政治・社会・経済のシステムを変革するための試行錯誤を伴う、相対的に長期にわたる過程となるだろう。天皇制への批判と廃止を訴える運動は、その一環を形成する。社会主義とは労働者民衆の間での民主主義と自治、個人の権利のための闘いの一つの到達点である。それは社会全体の「非軍事化」を目指す闘いを要件とする。しかしそれは決して一連のなだらかな過程ではなく、後方への逆流もあるし、また前方へのある種の「断絶」と「飛躍」が決定的に要求される時期を伴う。それは「権力」の質的転換を組織しなければならない瞬間、すなわち「革命」である。この「断絶」の形態についてはいまだ語ることも想像することもできないのであるが。

「革命」は日本共産党綱領の言う、当面の変革の課題を「資本主義の枠内で可能な民主主義的変革」に限定し、社会主義の目標を次の段階の課題に設定する二分法の図式とはならないだろう。その革命は今日のグローバル資本主義の構造の下では、直接的に「国民性」を超えた性格を持つことになる。そして「断絶」としての革命過程で、人びとはその自由な意思において「改憲」の問題を提起し決定することになる。

しかしその中でも、現憲法が内包する普遍的な平和主義と民主主義、人権の概念を、憲法形成の経緯や、それが現実に果たした正負の役割にもかかわらず、継承・発展していかなければならない、と私は考える。「秩序への統合」に対する抵抗と反乱は、どのような契機で始まるのか。こう問うた私に対して、ある外国の活動家はしばらく考えた後に「自らの尊厳への自覚ではないか」と答えたことを覚えている。戦争とファシズム、そしてスターリニズム的「社会主義」の否定すべき教訓を経験し、現に不正と憎悪の渦巻く社会に立ち向かっている私たちの模索は、ここを土台とすべきなのだ。（二〇〇六年四月一二日）

第３章

「護憲」などで保障しえないココロ

竹森　真紀

たけもり　まき
1957年生。小学校教員を経て北九州学校ユニオン・ういを結成し、書記長及びココロ裁判原告として事務局を担う。

はじめに――自由という名の「不安」な社会へ

今のこの国ほど、人が縛られたがっているところはないのではないでしょうか。

それは国家が縛りたがるからだとの反論もあるかと思いますが、戦後六〇年経過して、人は自分を縛り、他人を縛り、窒息する寸前までそうして生きていくしかないのかと思わせるほど、身も心も縛られているように見えます。だから、「護憲」のメッセージより、あたかも現状を打破するかのような「改憲」の主張がウケルのでしょう。これまで必死に守り抜いてきたかのような「平和」はこの憲法のオカゲなんだってことを説教臭くのたまわれても、若い人ばかりだけでなく、必死で「平和」を守って生きてきた戦後の日本人の多くも、この憲法ではダメなんじゃないかなと「不安」がっているのでしょう。つまるところ、国家に縛られることで「平和」で「自由」な社会として成り立ってきたこの「民主主義」社会で、私たちは今また、国家によって侵されてきた人権を奪い返すために人権保障を振りかざさなければならないという矛盾した状況の中に生きているのではないでしょうか。

笹沼弘志さんが、「改憲」下の国旗国歌問題について、本シリーズの第一弾「基本的人権をめぐる改憲論とその問題点」で以下のように明確に述べています。「国旗国歌法を契機とした、日の丸君が代の強制、これは国家主義イデオロギーの強制というだけではなく、とにかく意味もなく服従する習慣の教え込みである。園遊会で、東京都教育委員の米長邦雄が日本全国に日の丸君が代を徹底することが使命だと大見得切ったとき、天皇明仁が『強制になるようなことはいけない』と言ったが、これは日の丸君が代推進を批判したものでないのはいうまでもない。よりよい権力行使の在り方を指示したものなのである。現在進行しているのは、この明仁の言葉に象徴されるように、単なる国家主義と言うよりも、人々の自発性、自己決定=自己責任に依拠した権力行使の仕組みの整備なのである」、そして、「こうした動きを総括し、意味づけし直すのが改憲論なのである」と。

北九州市教育委員会が「意味もなく服従する習慣の教え込み」として君が代の起立斉唱を徹底して二〇年以上、私たちが「学校現場に内心の自由を求め、君が代強制を憲法に問う裁判」[1]を起こしてすでに一〇年以上になります。本裁判は、北九州市内の公立小中養護学校の教職員が卒入学式での君が代斉唱時に「黙って座った」ことをもって、全国的にも前例のない懲戒処分を受け、その取消を求めて、一九九六年に提訴したものです。しかしながら、「ココロ裁判」[1]と名付けて公教育における思想良心の自由を求めたこのたたかいは、国旗国歌法制化後、東京を初め各地の学校現場で同様の状況を迎えた今では全国的なものとなっています。

私たちは、「護憲」がウケナイ状況を踏まえながら、「反改憲」という、さらにウケナイけど、そこからしか生まれないであろう新たな展望を切り開くために、言葉を発し、行動し続けているわけですが、ここでは、私なりの視点で「護憲」から「反改憲」への方向転換の意味を再確認するために、学校教育の現場から私自身にわずかながらでも見えてきたこと——教育現場における「人権」や「自由」のありようが、あまりに今の「改憲状況」を象徴しているように見えることについて、なぜそうなってしまったのか、元々そうだったのかなど——を述べてみた

1 「学校現場に内心の自由を求め、君が代強制を憲法に問う裁判」通称ココロ裁判と呼び、その原告らをココロ原告と呼んでいる。現在、原告は一八名。北九州市内の教員が一六名、学校校務員(現業労働者)一名、北九州がっこうユニオン・うぃという独立組合一団体。一九八六年からなされている北九州市教育委員会の「四点指導」に基づく学校長の職務命令「国歌斉唱時には起立して斉唱すること」に違反したとして、厳重注意から文書訓告、戒告、減給処分などを受けたものたちが、自らの思想良心の自由を侵害されたとしての損害賠償請求と処分の取消を求めて、一九九六年一二月二日に福岡地方裁判所に提訴した。提訴前には地公法上の

いと思います。

国家のための使者としての教員

私が教員になった一九八〇年頃、教員は自由があまり好きではないように思えました。教員というのはそもそも子どもを管理するのが仕事ですから、習性のように自由を拒絶せざるを得ないのかもしれません。憲法など目にすることのない日常にいる教員が公教育を戦前から担っているという事実こそ、この国の近代公教育の本質ではないだろうかと、今でも単純に思います。保護者をはじめとする「世間」は、学校教育への多くの期待に対して一人の教員が答えることを求めていますが、おそらくその大半は幻想であり無理なことだという違和感を、私は学校現場へ足を踏み入れたときから感じてきました。近代（天皇制）以降、学校は「富国強兵」を担う人づくり教育をなし、戦中は「国民学校」として皇国史観の下、天皇陛下の赤子としての教育をなしてきたと言われますし、それを担った教員たちは、「天皇陛下のために戦争に行け」と子どもたちに教えたのでしょう。戦争で敗けた後、多くの教員は「教え子を再び戦場へ送るな」とのスローガンの下に、戦中の教科書に墨を塗ったりして、「民主主義」とか「平和」とかを教える使者となったようです。私が小学校のとき（一九六〇年代）、当時の校長は全校朝会という場で「民主主義はとても素晴らしい、みなさんは自由に物を言うことができる」というようなことを言っていましたから、戦後民主教育というのは学校に持ち込まれたと、一応は言えるのでしょう。しかし、そ

前置主義に従って人事委審理を行ってきたが、一九八七年以降処分を受けたものが一括して提訴に及んだ。

ココロ裁判は、代理人弁護士をつけない本人訴訟で取り組まれており、自らの言葉をもって法廷で闘うことで、多くの傍聴者や支援者に訴えかけている。その闘い方などについては、田中伸尚著の岩波ブックレット「教育現場に心の自由を！――君が代強制を問う北九州の教職員」（二〇〇五年一〇月五日発行）に詳しい。また、法廷で陳述した原告らの声はココロ裁判原告団発行の「まだまだとおくまでいくんだっちゅうの」パンフレットに詳しい。福岡地裁で三三回の弁論を終え、昨年（二〇〇五年四月二六日）一審判決が出たばかりで、一〇年

んな校長の下でも、卒・入学式や運動会では、日の丸が掲げられ、君が代が朗々と歌われていましたし、そこにいた教員たちは特に反対の意思表示をしていたとは思えません。運動会では、子どもたちが君が代行進曲を演奏して、君が代斉唱に合わせて日の丸が揚がっていくのを当然のように見つめていた記憶があります。私は子ども心にも何か嘘めいた空気を感じたのか、運動会の練習は嫌いで、行進曲を演奏するのも苦痛でしたが、それでも私の受けた教育は「民主教育」だったのでしょう。「障害児」のいる教室があり、運動会では一緒に踊ったりして、差別をするなと教員からたたき込まれたりもしました。「公害」問題が社会的注目を集める中、未解決であったカネミ油症患者[2]のことや工場の噴煙のこと、あるいは部落差別のこと、そして「平和」学習と称して小倉へ落ちるはずだった長崎原爆のことも教えられました。それが、私の受けた一九六〇年代の北九州市での「民主教育」です。もちろん、体罰などもたくさんありましたが保護者も文句なんて言いませんでした。戦後教育を一般化して語ることは難しいので、自分の受けた教育を振り返ってみました。

その後、生まれ育った北九州市で教員となり出会ったのが「縛られたがる教員」たちでした。さほどの学校幻想はなかったけれども、自分の非力さも分かっていなかった私もまもなく、「民主教育」を自分の手で実現することはとてつもなく困難なことに気づきました。そんな気持ちの上にぶち当たったのが、一九八五年の高石邦男元文部次官の「君が代」徹底通知を先取りする北九州市教育委員会の卒入学式に係る「四点指導」（「四点指導」とは、（一）国歌斉唱を式次第に入

を経過し未だ高裁で係争中である。第三回弁論五月一五日に福岡高裁五〇一号法廷で行われた。

2 カネミ油症患者
一九六八年、カネミ倉庫（北九州市）製の米ぬか油にポリ塩化ビフェニール（PCB）が混入し、福岡、長崎、山口、広島、高知など西日本一帯で油を食べた人たちが皮膚炎や内臓疾患などを訴えた。その後の研究で、PCBが加熱されてできるPCDFが主因と判明。国会質疑を契機に、二〇〇四年九月に認定基準が改定された。今、仮払金返済問題や未認定患者の多さ、医療費の公的負担など残る課題は多く、改めて被害者が結集した。

れること、(二) 国旗はステージ正面に掲げ、児童生徒教師の全員は、国旗に正対すること、(三) 国歌は教師のピアノ伴奏で、起立して正しく心を込めて斉唱すること、(四) 教師は原則として式に全員参列、という内容が市教委より校長へ口頭で「指導」され、かつ調査という名の強制が二〇年経過した今も行われている) の徹底でした。職員会議で日の丸君が代強制に反対して発言する日教組組合員もわずかに存在し、「平和」や「差別」が語られてもいましたが、すでに日の丸・君が代の実施率が一〇〇%、教師伴奏ではなくテープを流しただけの学校がわずかにあったという状況で、さらに「四点指導」が上乗せされたのです。そのような職場で、自分が一人の人間として、なぜ君が代を歌ったり、日の丸を正面に掲げることに抵抗や後ろめたさ (せめてもの感覚だと思うのですが) があるのかということを発言し、日の丸君が代の強制を学校で徹底していくのはおかしいという議論を提起することはとても困難なものでした。

個人としての思い (思想良心) だけでなく、目の前には被差別部落や「在日」韓国・朝鮮の子どもたちがいるということも分かっていましたし、そんな子どもたちに関わる教員がいたからこそ、まだまだ反対の理由をそこに求めることはできました。しかし、「四点指導」はそういった発言を真っ向から封じるかのようにのしかかってきました。一握りの「良心的教員」が、最低限の抵抗として「黙って座る」ことを始めたのもこの頃でした。ものすごい周囲の圧力を感じながら、罪人のように校長からチクチクと呼び出され、「何で座るのか」と問いただされ、処分や不当配転をちらつかされる状況でした。発言や「座ること」への後ろめたさだけでなく、明らかに不当な処遇を受ける対象として二重三重の抑圧を与えられる日の丸・君が代状況でした。大半の教員たちが「つつがなく」式が終わることだけを考え淡々と行事をこなしていくとき、学校には日の丸君が代がよく似合っているとさえ感じました。さらに「良い教員」たちは、「四点指導」に沿う方向でしか思い悩まないわけで、それを学校から追い出そうという発想には行き着くはずもありません。教育委員会（＝国家）は「四点指導」で一点の曇りもなく教員たちがそれに従うことを見事にも予測していたのでしょうか。未だにこの「指導」はあくまで口頭の指導であり、それに従わないことは職務命令違反だと言いながらも、その職務命令書といった文書すら一度も出されず、教員たちは校長からのたった一言の「国歌斉唱時には起立して歌うように」という言葉に従うのです。「あなたたちは公務員だから」「学習指導要領に則って」という言葉をどれほど耳にしたか分かりません。一握りの良心的教員であったココロ裁判原告たちは、この「四点指導」に強い違和感を持ち「教員だから仕方がない」とはどうしても思えなかったのです。最後の抵抗としての「黙って座る」行為をも咎められ、違法行為者としてのレッテルを貼られていく中で、私たちはやっとその一つ一つの弾圧に対して、法的武装も含めた本当の意味での抵抗を行っていきました。教育委員会が「四点指導」や「職務命令」の法的根拠や文書の不存在についてそれなりに釈明を始めたのは、私たちによる異議申立があってからのことです。さらに言えば、私たちが所属していた福岡県教職員組合（日教組）は、教育委員会よりも先に「説得」を始めました。「今、始末書を書いて今後座らないと言えば、処分は軽くなる」と言うのです。これが「再び子どもたちを戦場に送らない」ことを標榜するあの大きな組合執行部がなしてくれた唯一の「支援」です。私たちにとっては、日教組さえ教育委員会とさして変わりのない戦争のための国家総動員体制的な組織に見えたことは確かです（現在、ココロ裁判の原告の元となった教職員たちは、一九九四年日教組から独立して北九州がっこうユニオン・うぃという上部団体を持たない独立組合を結成）[3]。君が代を「心を込めて歌え」とまで「指導」する市教委は「学習指導要領が根拠である」とくりかえすばかりで、憲法などという厳めしい理想のみを掲げた条文など読む必要ないとでも言いたげです。私たちは、「黙って座る」ことを罪人のようにチェックされ、報告され、事情聴取され、懲戒処分をなされ、給料を減らされる、という仕打ちを受けてやっと憲法を読み始めました。この国には憲法があるから平和で民主的で安心した暮らしができているはずだったのですが、自らの思想良心に従って「黙って座る」という自由が保障されないことを知り、憲法に目を通すことになったのです。

本当に「平和」なものです。被差別部落の子どもたちをはじめ、本名を名乗ることもない「在日」韓国・朝鮮人や、「障害」を持つ子どもたちの人権について語りながらも、自分の人権を侵されて初めてその保障を公教育の中に本気で獲得しようとしだしたに過ぎないのが、私たちココロ裁判原告団（＝良心的と言われる教育公務員）なのかもしれません。

縛られる教育公務員の良心の自由

3 北九州がっこうユニオン・うぃ　現在、うぃのような独立組合は全国に一八組合存在する。結成の経緯や時期はそれぞれであるが、既成の組織に委ねない自力自闘、自前の運動を組んでいることは変わりがなく、現在は全国学校労働者組合連絡会として横断的な繋がりをもって、情報を交換しながら連帯して闘っている。うぃについては、ホームページに紹介してあるのでそれを参照していただきたい。ココロ裁判についても同様である。北九州がっこうユニオン・うぃのホームページ　http://ww2.tiki.ne.jp/~ui-maki/index.html「素敵に不適格！」

教育の成果は二〇年後に現れると言われます。果たしてこれまでの公教育がそのような先を見据えた内容だったのかは疑問ですが、北九州市においては一九八六年から二〇年、そして今も尚継続する「四点指導」という教育の結果が、今の社会を反映しているということなのかもしれません。当初の私たちにあったのは、公務員とはいえ明らかな上意下達の前近代的特別権力関係を肯定した国家の押しつけがまかり通ることなどありえないとの思いだけでした。しかし、国家の使者として位置づけられている教員がどこまで一個の人格としての思想良心の自由を公教育において求めることが出来るのかは、予想以上に困難なことでした。

そして、法制化さえ予想もできなかったのですが、「四点指導」から一〇年以上が経った一九九九年の「国旗国歌法」強行採決によって可決しました。それに際して、野中広務官房長官はその成立を目論むため「それぞれ人によって、式典等においてこれを、起立する自由もあれば、また起立しない自由もあろうかと思うわけでございますし、また、斉唱する自由もあれば斉唱しない自由もあろうかと思うわけでございまして、この法制化はそれを画一的にしようというわけではございません」と述べています。しかしながら、文部省は学校現場での教職員の職務との関係においては「思想良心の自由は、それが内心にとどまる限りにおいては絶対的に保障されなければならないが、それが外部的行為となって現れる場合は、一定の合理的範囲内の制約を受けるものであり、校長が学習指導要領に基づき所属教職員に対して職務を命じることは、当該教職員の思想良心の自由を侵すことにはならないものであり、児童生徒に国旗国歌を尊重する一環として児童生徒に自ら範を示すことによる教育上の効果を期待して、教員に対しても国旗に敬意を払い国歌を斉唱することを命じることは、社会通念上合理的な範囲のものである（一九九九年七月二一日衆議院内閣委員会文教委員会連合審査会における文部大臣の見解）」との見解を示しています。野中発言は教職員には適応されず、子どもたちに範を示して国旗国歌を尊重する教育を命ずることを社会通念上合理的範囲としたうえで残されたのが「絶対的に保障された内心の自由」なのです。

しかしながら、この文部省見解は現時点での司法判断でもほぼ踏襲されていると言えます。教員が初めて「君が代」問題で思想良心の自由を問うた裁判としては、東京の小学校の音楽専科の教員がピアノ伴奏を拒否して戒告処分を受け、その取消を求めた裁判があります。その東京地裁判決（二〇〇三年一二月三日）[4]では、「公務員は公共性に由来する内在的な制約を受ける」から、思想良心も制約を「受忍すべき」と判示しました（高裁でも同様、現在最高裁へ上告中）。また、一〇年係争したココロ裁判の一審判決で減給以上の処分は取り消され、「四点指導」が教育基本法一〇条一項「不当な支配」にあたり、さらに学習指導要領の国旗国歌条項には法的な拘束力はないとの画期的一部勝訴を勝ち取ったにもかかわらず、思想良心の自由については以下のように惨憺たるものです。

ココロ裁判福岡地裁判決（二〇〇五年四月二六日）[5]

「教職員の思想良心の自由については、個人の人間観、世界観と直接結びつくものではなく、

4 ピアノ伴奏拒否東京地裁判決
一九九九年国旗国歌法法制化の年春の入学式、東京都日野市で小学校教員（音楽専科）をしていた福岡陽子さんが校長から命じられた「君が代」伴奏を拒否したとして、同年六月一一日に戒告処分を受けた件についての取消請求事件。
いわゆる学校現場での「君が代」問題で思想良心の自由を真っ向から争った事件としては最初の判決として注目されている。二〇〇三年一二月三日付の東京地裁判決も、その後出された二〇〇四年七月七日東京高裁判決も、ほぼ同様に福岡さんの請求を退けた。現在、最高裁に上告中。以下、高裁判決の一九条についての判断は以下の通り。
「思想良心の自由も、公教育に携わる教育公務員

……したがって君が代斉唱は個人の思想良心に反する外部的行為ではない」「憲法一九条は、内心における思想、良心の自由を完全に保障しており、公務員であってもこの保障が及ぶことは当然であるから、個人原告らが内心において上記の［君が代反対の背景となる差別反対、戦争反対、天皇制反対などの］思想、良心を抱くことは自由であり、その自由は憲法一九条により保障される。しかしながら、［起立斉唱を教師に命じる］本件職務命令は、その内容から一定の外部的行為を命じるものに過ぎないことは明らかであり、それ自体が個人原告らの内心における精神的活動を否定したり、個人原告らの思想良心に反する精神的活動を強制するものではない」

これはすなわち、「歌う」という行為は単なる外部的行為であって思想良心とは別物という、ある意味「二枚舌で生きろ」という判示に他なりません。現在の司法レベルでも、教育公務員の思想良心の自由とはあってなきがごとしです。

思想良心の自由についての判示は数少なく、憲法判断は避けられることも多いわけですが、ココロ一審判決から半年後に出された大阪靖国訴訟（靖国神社に合祀された台湾人遺族が原告となって起こした小泉の靖国参拝違憲訴訟）の高裁判決（二〇〇五年九月三〇日）[6]では、「思想及び良心の自由は、公権力が特定の人の内心を強制的に告白させ又は推知しようとすることや、特定の内心の形成を狙って特定の思想を大規模かつ組織的継続的に宣伝するような、内心の形成、変更に対する圧迫、干渉をも禁止し、人の内心を保護するものと解される」と憲法判断に踏み込んだと言えます。憲法の立憲主義を踏まえており、憲法の保障する思想良心の自由の保障とは何かについ

としての職務の公共性に由来する内在的制約を受けることからすれば、本件職務命令が、教育公務員である控訴人の思想・良心の自由を制約するものであっても、控訴人においてこれを受忍すべきものであり、受忍を強いられたからといってそのことが憲法19条に違反するとは言えない」

5　ココロ裁判福岡地裁判決
判決は原告側の「一部勝訴」であった。取消を求めていた懲戒処分のうち減給以上の処分は「君が代斉唱の際に単に起立しなかったにとどまる行為に対して、給与の減額という直接に影響を及ぼす処分をすることは、社会観念上著しく妥当性を欠くと言わざるを得ない」としてが取り消されるという画期的判断であった。

て明確に示されています。私はこの判決を聞き、台湾訴訟においてアジアの民衆の強い思い（靖国合祀された遺族）が司法へ伝わった判決（具体的な損害や宗教的人格権は認められてはいないが）であると歓迎する一方で、教育公務員についての制約は二重にも三重にも強いのだと思わされました。教員は国家の教育を曲げてはならず、「歌えない」思想や良心はどこかへ捨ててから学校へ来いと言っているのです。教員はそんな「指導」にじわじわと飲み込まれていき、使者となるしかないのです。

破壊されたままの日本人の良心

「平和を守りましょう」「差別のない社会にしましょう」といくら声をからして叫んでも、残念ながらこの国の公教育が一人の子どもの人格を認める以前に天皇制を美化することを前提としている限り、この社会は何も変わらないことを確信した二〇年だったかもしれません。しかし、私たちココロ裁判が二〇年前の「四点指導」に違和感を持ち続け、司法に問う形で法制化以降も係争してきたことで、改めて出会うことができた人たちもいます。今の東京都教委下でなされている君が代弾圧によってつくられた交流はその一つであり、北九州市の小倉で育ち、指紋押捺拒否や再入国拒否を最高裁まで闘った崔善愛さんが、現在東京で我が娘の通う学校で、また周囲の「君が代」伴奏を拒否する音楽教師らと共にたたかわざるを得ない状況になりました。彼女との改めての出会いによって、ココロ裁判控訴審第二回弁論（二〇〇六年二月六日）では、補助参加人と

（具体的には減給一ヵ月処分二件、減給三ヵ月処分一件が取消で、戒告以下の処分についての請求は棄却）

さらに、北九州市教育委員が一九八六年以降なしてきた「四点指導」（調査を含む）は、教育基本法一〇条一項の「不当な支配」にあたるとして、校長への行き過ぎた「指導」であり、違法とした。

また、これまでの北九州市教委が「四点指導」や職務命令・処分の法的根拠としてきた学習指導要領についても、国旗国歌条項については細目的事項であり法的な拘束力はないと判断した。

しかしながら、「君が代」の起立・斉唱の職務命令は「一定の外部的行為を命じるものにすぎない」ので、「原告らの思想、良心に反する精神的活動を強制するものでは

して参加していただくことになり法廷での陳述を聞くことができました。崔善愛さんは間近に裁判所を見据えながらも、限りなく日本人の良心は壊され続けていることを、「学校」という場を通して問うという形で陳述されました。「……父たちが君が代に苦しめられた時代から、約九〇年を経てもなお私の娘が『君が代』強制に苦しめられるとは、歴史は本当に動いているのだろうか。日本が敗戦をむかえ、天皇は象徴となり戦争責任を問われなかった。このことによって、私は日本人の良心は壊された、と思っている。人は、人を殺してしまったことを自覚し、謝罪して初めて、その罪にむきあうことができる。ところが、日本はいまだ、多くのアジアの人々を殺したという自覚がない。戦争責任を問われるべき人が、その罪を問われないまま戦後を過ごし、今も日本人の良心は、壊されたままだ。君が代は、個人の諸権利を問う以前の人間性の問題だと思っている。君が代によって悲しむ人々を無視するその人間性の破壊を、私はもっとも恐れている。教育委員会の人は、君が代の歴史を本当に知っているのか。知ってもなおうたわせるのか。たった六〇年前の戦争によって、人生のよろこびを奪われた人々の歴史を、痛みを知ってもなお、あえて『君が代』をうたわせたいのか。それとも、その歴史を知らないのであれば、もう一度、学校に戻って学びなおしていただきたい」

この生々しい陳述が、法廷で目の前にいた教育委員会の職員や代理人弁護士に、果たしてどれだけ届いたのか分かりません。九〇年にわたって「君が代」でアジア地域の人々を含む多くの人を苦しめてきたこの国の責任を問えるのかどうかも、二〇年に及ぶ「四点指導」という犯罪的な

ない」とし、「君が代」を「歌えないという考え」は、原告らの「人間観、世界観と直接結びつくものではなく」、起立・斉唱の職務命令が原告らの思想・良心の自由を侵害したとは言えないとした。

6 台湾訴訟大阪高裁判決

二〇〇五年九月三〇日、小泉首相靖国参拝違憲訴訟の二次訴訟（台湾関係訴訟）で、大阪高裁は、損害賠償の控訴は棄却したもの、参拝は憲法二〇条三項に違反するという画期的な判決をだした。宗教的人格権などは認めず、損害賠償を認めない主文敗訴ではあるものの政教分離や思想良心の自由について、明確な違憲判断をしている。

人権侵害行為の責任を目の前の被告に問うことすらも曖昧になっている現実があります。おそらくその責任は、自ら進んで「平和」だとか「自由」だとかの中で縛られて生きてきた私たち（教育公務員）一人一人にあるものだと思っています。さらに言えば、教員といえども一個の人間であり戦後の教育を受けてきた一人です。善愛さんの言葉を借りれば、私たちはみな「良心を破壊されたまま」なのかもしれません。「破壊されたまま」に教員となり、戦後の民主教育を担ってきた教員の一握りの良心的と言われる教員のその「良心」が、今また改めて「破壊」されようとしていることも否めません。

今、不登校となり、引きこもり、仕事もなく「ニート」などと呼ばれなければならない多くの若者は、ここ二〇年の教育を受けてきた子どもたちです。彼らから「憲法なんてうぜぇんだよ」という言葉を吐かれたとしても当然の、戦後破壊されたまま繕われることのないままの欺瞞に満ちた民主教育。この教育を前にしたとき、はて、これから二〇年後を見据えた「教育」を私たちは今模索し生み出すことができるのかは全く不透明ではあります。それでも善愛さんは陳述の最後をこう結んでくれました。「私は君が代を歌えないと悩む先生方の良心に励まされ、そんな人の良心に支えられてこれまで日本で生きてきたように思う」。欺瞞に満ちた戦後民主教育を背景で支えた「護憲」などという発想では、結局のところ保障できずにきた「良心」を、改めて突き付けられたような言葉ですが、戦後六〇年を上乗せした戦前からの九〇年を今こそ乗り越えるべく、せめてもの「反改憲」をめざしていきたいと思います。

【追記】ゲラを校正する段階の二〇〇六年九月二一日、東京地裁で国旗国歌強制は違憲との画期的判決が出された。ニュース報道を見紛ったのではないかという程の予想外の原告勝訴である。ココロ裁判が長年求めてきた思想良心の自由について、都教委の通達をはじめ職務命令、処分など全てが違憲だとした。このあまりに当然と言えば当然過ぎる判断に対して、石原都知事は「控訴してたたかう」、小泉元首相は「国旗国歌を敬うのは法律以前」と言ってのけた。こういったファシスト発言にメディアも傾き、判決が偏っているとでもいう風潮さえつくられようとしている。これこそが「改憲」状況であることを、私たちは明快な違憲判決を聞いてさえ尚、思い知らされる。

しかし、全面勝訴の判決の前提には「国旗国歌法の制定・施行されている現行法下において、生徒に、日本人としての自覚を養い、国を愛する自覚を育てるとともに、将来、国際社会において尊敬され、信頼される日本人として成長させるために、国旗、国歌に対する正しい認識を持たせ、それらを尊重する態度を育てることは重要なことである」との法律以前の学習指導要領の文言がそのまま記載されてある。果たして、その上で保障された「少数者の思想良心」とは何なのであろうか。司法に問うて得られた思想良心の自由が、あまりに薄っぺらな「慈悲」としか感じられないのはなぜなのだろうか。戦後初めてと言ってよいこの違憲判決は、「破壊されたままの日本人の良心」を保障するものとなり得るのか。私たちは、目の前の子どもたちの悲鳴に耳を澄ましながら、この違憲判決をテコにココロ裁判の控訴審全面勝訴に向けてあらためて一歩を踏み出すしかない。

第４章

「反改憲」運動論——戦後憲法をめぐる運動〈経験〉史

天野 恵一

あまの やすかず
1948 年生。パンフレット・エディター。『「日の丸・君が代」じかけの天皇制』（インパクト出版会）ほか。

①欺瞞的な「イデオロギー装置」としての憲法という認識の時代

一九四八年生まれの私は、一九四六年十一月三日に公布され、六ヵ月後の一九四七年五月三日から施行された戦後の憲法、日本国憲法の体制下を生き続けてきたわけである。

自分がいつから憲法を意識するようになったかは、まったくハッキリしない。しかし、いつそれをはじめてキチンとまるごと読んだかはよく覚えている。高校生活が終わり、大学の法学部行きが決まった直後の時である。ほとんど受験勉強などと関係ない、できの悪い生徒であった私も、大学受験の直前だけは、アタフタと受験勉強に没入した。その勢いにのって、弁護士の息子であった友人が開始した法律の暗記のような読書につきあったのであった。その時、まず憲法を最初に読んだ。何度も、何度も。

象徴天皇制・国民主権（人権）・平和主義、……すでに聞きなれていた言葉のつまった文章。とりたてて何の感動もなかった。

そして、大学へ入ってすぐ憲法の解釈学のテキストを読むことになった。その時は、政府の九条解釈（「自衛隊」合憲論）ではなくて非武装の国家を原理とする平和主義（「自衛隊」違憲論）が学会の多数説であることを知って、少し驚いたという記憶はある。政府の解釈と学説が真正面から対立している事実と、九条の文章は、あたりまえに読めば、学会多数説のように読むしかないというもう一つの事実を前にした驚きであった。非武装平和主義理念の切実さを共有したわけではない。ただ、政府がここまで解釈を平然とネジまげていることに怒りを覚えただけである。特権を持っている権力者（政府）の権利の濫用にブレーキをかけるのが立憲主義の原則だというが、政府（権力者）は、こういう「解釈」で、すでに権利を濫用しているではないか、という気分になったことは確かだ。

さて、六十年代末の大学反乱の時代に向かって、私も、学生自治権・ベトナム反戦・沖縄「返還」問題などを中心にした政治闘争に深入りしていくことになる。

この時代、北ベトナム爆撃をも開始していたアメリカ侵略軍は、日本の基地をフルに活用していた。日米軍事同盟である、日米安保体制がすでに強固につくりだされており、それが国家・社会を支配していたのだ。だから平和憲法と安保体制が抱合しているのは、あまりにも明らかだった。だから、平和憲法を「守れ、守れ」と主張する共産党や社会党系の戦後革新＝広い意味での「護憲」派の主張は、まったく納得できないものであるという気分が徐々に強くなっていった。平和憲法を守り、戦争にまきこまれるのを阻止しようという被害者意識をベースにした運動論より、アメリカの侵略に加担・協力している平和憲法下の日本国家・社会の加害者性をこそ問おうという反戦論の方が私にははるかにあたりまえに思えた時代だったのである。

これは大学闘争の次元でいえばこうである。差別－選別教育の頂点の秩序である大学という存在をトータルに否定的に考え、自分たちの存在自体を問いなおそうという「全共闘」の闘争原理の方が、受験・優等生秩序はそのままで、大学を「民主化」しようという、自分たちの存在は問わない左翼優等生文化主義の論理と心情よりも、はるかにまともなものであるという認識が日々強くなっていったのである。

この時代の運動体験を通して、私は子どものころから学校や社会が私たちに教えこんできた常識、すなわち、戦前（中）の大日本帝国憲法下の時代は、戦争ばかりやっており軍人がいばりくさっていて民主主義のない暗い時代、日本国憲法下の戦後は平和になり民主主義が育った明るい国家・社会になったという「物語」を、相対化する方向へ進んだ。

もちろん戦前（中）を肯定的に考えるようになったわけではない。時代はベトナム戦争特需の時代であった。その事実を直視することで朝鮮戦争特需をバネに日本が「経済成長」してきたという事実もよく見えだしたのである。戦争で（人の命を）食べるという日本社会の「伝統」は、戦後なくなったのではなく、戦後に連続し、そのまま延命しているのだ。安保体制の下、アメリカが主役の戦争に協力するという日本の戦争のスタイル。このスタイルだけが戦前（中）と大きく変わっただけなのである。

私は、この時代の運動について、以前、このように論じた。


「戦後の平和と民主主義に潜むどうしようもない空洞と荒廃、俺の育った二十三年間というものは、ひょっとすると天皇制軍国主義よりも、ナチスの治世下よりもひどかったのではないか、という戦慄すべき反省を東大闘争が投げだした」（重尾隆四「更に廃墟へ」『遠くまで行くんだ』3号・一九六九年）。／ベトナム反戦－安保－大学問題を軸に闘われた、六〇年代末以降の闘いは、こういった主張を大量にうみだしてきた。ここで「戦後」は全面的に否定された。「戦後」とは「戦後民主主義支配体制」のことであり、何か実在した「戦後」に価値をみいだすような思想は、そうであるというだけで批判にさらされたのである。この「戦後」批判はけっして戦争を知らない世代ゆえの誤まれる主張であったわけではない。この批判は戦後の体制－制度を身をもって生きてきた人間の正直な実感に支えられていたのだ。無条件に価値とされていた戦後教育のプロセスを生きてきた学生たちは、その教育がただの差別－選別教育にすぎないことを身をもって知っていたのだ。大学における大衆団交の席では常に大学教授たちに対し学生の「バカヤロー」などといった怒号の声が大量に飛び交った。学生は小学校から教育の名目で常に自分たちを管理してきた多くの教師全体への憎悪をまとめて大学教授にぶつけたのだ。／大学闘争は戦後の〈制度〉の中で去勢され、骨抜きにされた世代の〈制度〉に対する挑戦なのである。それは自分自身との闘いであった。この戦後民主主義をのみ生きてきた世代による戦後民主主義体制批判は、運動の主体が、自己の感性をズタズタに切り刻むことを強いられるような闘いであった。……全共闘の学生たちは自己嫌悪の感情を常にひきずりつづけた。戦後の〈制度〉の中でいいかげんに生きてきた自分に対する嫌悪をバネに戦後の〈制度〉を批判しつづけたのである。闘いの中でも彼らは〈制度〉（卒業あるいは進級「試験」など）に何度も足払いをくい、よろめいたり、ひっくりかえったりしていたのだ。その闘いはとびぬけてアナーキーで暴力的行動力を示した外見とはうらはらに、「脆弱」な精神によって支えられていたのである。[1]

1　『戦後』批判の運動と論理」（『流動』一九八〇年四月号）。『全共闘経験の現在』（インパクト出版会・一九八九年・増補版一九九七年）所収。〈補註〉で私は、この文章が自分の学生運動体験を活字にした最初のものであろうと書いている。

この「脆弱」な精神にとって戦後憲法とはなんだったのだろう。それは「戦後民主主義支配体制」の国家原理そのもの以外のなにものでもなかったのである。戦争を生きてきて、生きているという実態に「平和」な国家・社会のベールをかぶせ、差別と抑圧の生活に、対等な個人の「人権」の保障された社会というベールをかぶせる欺瞞の体系としての日本国憲法。そういう認識であった。イデオロギー批判（暴露）の論理（方法）のみで支えられた思想がそこにあるだけだったのである。

この点については、私は一九九三年に書いた「反戦・反派兵の〈原理〉をどこに求めるのか——『非武装国家』理念の戦後史」[2]で、このように整理した。

国家非武装の理念が、憲法として上から（単なる条文として）与えられたものであったために、それは自分たちの生きる理念としてつめられることが少なかった、それは「楯」として利用される傾向が大きかったという問題。こういう発想は、平和憲法があるのだから日本は平和だ、この「平和と憲法を守れ」といった戦後革新・進歩派のステロタイプ化した主張（ドグマ）として時間の流れの中で強化されてきた。そして、「護憲」とは新たな大国になりつつあった日本の一国主義的エゴイズムを表現するスローガンという性格を持たざるを得なくなってきたのである。／この点を激しく批判したのが新左翼運動（ここではそれは大学全共闘・「べ平連」な

2　「反戦・反派兵の〈原理〉をどこに求めるか——『非武装国家』理念の戦後史」「はへいちぇっくブックレット」『『非武装国家』の現在的意味を考える——「平和基本法」構想を問う』〈一九九三年八月〉のために書かれた。後に『反戦運動の思想——新ガイドライン安保を歴史的に問う』（論創社・一九九八年）に収められた。

どを含めた広い概念であることを前提とする）であり、特に六〇年代後半から七〇年代へ向けてのベトナム反戦運動や大学闘争を中心にした動きの中に、それはよりハッキリと突き出された。／一つだけ例を引こう。／「日本は明確に再軍備を禁止した〈平和憲法〉を持っているにもかかわらず、あらゆる詐術を弄して軍隊を再建したのみか、六兆円近くの巨費を注ぎ込む四次防をつうじて、世界屈指の巨大な軍備を目指して邁進している。」／「日本政府は終始一貫、アメリカのアジア侵略戦争を支持し、日本企業はそのための殺人兵器を平然と生産してきた」。／「実際、日本政府は、平和憲法があるにもかかわらず再軍備し戦争政策をとってきた、というのではないと思う。むしろ平和憲法があるが、ゆえにだと私は思う。なぜなら、平和憲法は、私たちにとって、戦争と軍隊から目をそむけるための欺瞞装置としてしか、機能して来なかったからだ」（竹内芳郎「小西誠と反戦の論理」『現代の眼』一九七二年三月号）。／アメリカのベトナム侵略に派兵以外の方法で全面的に加担しているアジアの軍事大国日本の加害性への批判は、当時は必然的に平和憲法のベールの欺瞞性への批判へといきついた。この時代、学生としてベトナム反戦を闘っていた私（たち）にとって、こういう主張はあたりまえであった。そして、こういう認識は、その限りで、今でもまったく誤ったものとは考えていない。平和憲法の欺瞞度はさらに高度になっているだけなのだ。しかし、こうした「護憲」理念の保守性、「平和憲法」の欺瞞性への批判への固定的執着は「非武装国家」（九条）の理念をラディカルに具体化＝実践化していく通路をふさいでしまったともいえるのだ。／新左翼諸党派の「革命主義」（社会主義革命により平和の問題などいっぺんに解決へ向かう）的発想は旧左翼・進歩派の人びと以上であったともいえる。

この「革命主義」の気分につつまれた憲法の欺瞞性批判への固定的執着という、社会党・共産党批判を自己目的化した論理は、この時代新左翼諸党派を中心に「新左翼」運動全体を支配していた。結局、いかなる前衛党やマルクス主義への加担にはいたらなかった二十歳ぐらいからの私の自前の思想形成は、しかし、このムードと心情と論理（行動）の渦中で開始されたのであった。だから、この時代、私にとって、日本国憲法は、戦争と抑圧・差別を隠蔽する欺瞞的なイデオロギー装置として、もっぱら批判の対象とすべきものとしてのみ考えられていたのである。

②反弾圧運動と〈人権〉の思想

七〇年代、〈革命主義〉の心情にふりまわされた新左翼党派は、ほぼ武装闘争の路線を選択していき、ノン・セクト運動の流れの中から爆弾闘争を展開するグループもうまれた。こうした動きへの権力側の対応は、熾烈をきわめ、「爆弾事件」については、平然と「犯人」を捏造し、徹底的な政治弾圧を拡大していった。

私は、自壊していってしまった学生運動の延長線の闘いとして、土田警視庁警務長宅で爆発物により夫人が死亡した「土田事件」などの四つの「爆弾事件」と一つの爆弾製造事件（これは事実自体が権力の捏造であった）の冤罪（フレームアップ）事件の救援会の活動に参加していくことになった。この「土田-日石-ピス缶」爆弾事件の救援会は、一連の事件の「犯人」とされた政治グループのメンバー十八名の救援会としてスタートしていた。後に、法廷においてまったくの権力（検察・警察）のデッチあげであることが明らかになった、この巨大なフレームアップ事件の救援活動を媒介に、私は、爆弾攻撃を実行した「東アジア反日武装戦線」のグループの救援会への協力など、フレームアップ事件であると否とにかかわらず、複数の大弾圧事件の救援に関係していくことになったのである。

そうした私の活動は、単なる個別救援会を超えた反弾圧運動という性格を持ったものになっていったのだ。私は、以前に当時のことを、このように書いている。

私は自分が直接に関係した運動体のメンバーの救援——闘いの後の残務処理といった感じのそれ——以外に救援活動の体験はなかった。しかしここ何年か、いろいろな偶然的契機を媒介に、被弾圧者（被告など）を直接的に知らずとも、弾圧に対する反撃として、その弾圧時から成立する救援プロパーの運動に走りまわるはめになった。そうした反弾圧・救援運動は、闘いの後始末といった消極的なものを超えて、より積極的に、反弾圧運動の固有の領域の闘いを運動的に深化・拡大させるといった目的意識に貫かれたものである。当然、私は一つの事件の救援活動ではすまなくなり、いくつかの事件をかけもちするはめになった。また、個別事件の救援の枠をこえて諸治安立法の改悪や新設に反対する闘いもその活動の射程に入れることにもなったのである。／私がかかえこんだ「事件」は、自分もそれなりに全力をつくして闘った、あの「全共闘運動」が必然的に引き出した弾圧の産物であったり、「全共闘」に続かんとしての闘いの帰結としての「事件」ばかりである。何人もの自白調査の検討、公判傍聴のつみかさねなどが日常化されてくることによって視えてくる世界は無惨なものである。私はそのグロテスクさに耐えかねて眼をそむけたくなるような事態に何度も直面した。

一九八三年に書いた『『全共闘』と〈自滅のロマンチズム〉』の書き出しの部分である。[3]この後、私は「暴力革命」「世界革命」などと威勢のいい主張を叫び続けていた〈革命主義〉者たちの権力による弾圧の前での、ひどい「脆弱さ」に驚いたことを具体的に書いている。それは自分の「脆弱さ」に重なる問題でもあったからである。

　この私（たち）の救援・反弾圧運動は、権力（検察・警察）の恣意的で「非合法」ですらある策動を具体的な事実をもって反撃する日常活動の持続によって支えられていた。その運動に必要だったのは「革命」的空論ではなく、権力の恣意的な動きを禁じている市民法理念（人権思想）の論理であった。私たちは、これを武器に法廷闘争にのぞむしかなかったのである。私は、金持ちの支配を正当化する私的所有の権利にばかり注目し、ブルジョア法と一括否定的に見る傾向が強かった人権思想にある大切なものが、反弾圧活動を通してよく見えてきた。そして、罪刑法定

3　『全共闘』と〈自滅のロマンチズム〉（『批評精神』5号一九八三年十月）。この文章も『全共闘経験の現在』に収められている。

主義が原則の刑法や刑事訴訟法のなかにある権力者自身を拘束する〈人権思想〉は、戦後憲法の人権の理念によって支えられているものであった。

今から考えてみて、であるが、私はこの時代の体験を通して自分の中にあった憲法を「欺瞞的なイデオロギー装置」として断罪するのみの戦後憲法観から、かなり距離をとって、ものが考えられるようになってきたように思う（学生運動の時代にも、人権などの市民法の理念の大切さにまったく無自覚であったわけではない。当時からマルクス主義の「プロレタリア独裁」の思想がどうしても納得できなかったのだから）。

また、ソ連や中国などのブルジョア法を否定した社会主義国家の権力者の恣意的で暴力的な政治弾圧の実態を眼にし続けて持たざるを得なかった幻滅感。この時代に拡大したこの幻滅感も、そうした距離を取ることを促進した、もう一つの大きな要素であった。

③反天皇制運動の中の憲法認識

私たちは、いくつかの反弾圧グループなどの中の意欲がある人たちを中心にして、「反天皇制運動連絡会」の結成に向かうことになった。八〇年代前半のことである。天皇ヒロヒトのXデー（死亡の日）が遠からずやってくるということが語られはじめている時代であった。政府・マスコミによって（新天皇の即位にいたる）皇室儀礼が連続的につくりだされる状況、日本中が天皇賛美づけにされる歴史的時間を黙ってやりすごすわけにはいかないという危機感をバネにした結集である。

事実上、タブーとされてきた重大なテーマを日常的に運動として担う大衆組織づくりの困難さは十分予想できた。若かった私たちは、それでも、というより、そうだからこそという決意を持って集まり、本当に日常的な反天皇制運動作りを現実のものにしていったのである。私たちの持った危機感は全国的に広く存在していたのであろう、天皇Xデー状況の渦中はもちろん、それ以前から、反天皇制運動グループの声は、各地であげられていくことになる。

そして、私は全国を走りまわるはめになった。

その「反天連」の基本スタンスは、戦前(中)のような神権(「現人神」)天皇制が「復古」する「反動」攻撃と闘うという「社・共」戦後革新の理論を批判しつつ、「非政治」のベールの下、政治的に存在している戦後の象徴(「人間」)天皇制それ自体の動きと闘おうというものであった。

過去の「現人神」イデオロギーの「亡霊」の再生にのみおびえるという天皇制理解では、象徴天皇制そのものの政治的機能を正面から批判できないという判断がそこにあった。

私たちは象徴天皇は「非政治」的存在であるという戦後憲法の規定の欺瞞性をこそ問題にし続けたのである。憲法との関係でいえば、端的に憲法(一章・第一条から八条)の削除を要求する「改憲派」である。今日まで続いている、私たちの反天皇制運動のこのスタンスは不変である。

私は、その運動の中で、学生運動時代の認識、日本国憲法は欺瞞的「イデオロギー装置」であるという認識を、反弾圧運動のときとは反対により深めていくことになった。憲法内在的な欺瞞として天皇条項を具体的に批判しづづける闘いこそが、私たちの反天皇制運動であったのだ。「国民主権」の民主主義原理と世襲の身分制度象徴天皇制は原理的に矛盾している。この二つを「共存」させている、この憲法はおかしい。私たちは原則的にそう考えていた。

おとずれた天皇Xデーは、予想通りマスコミの天皇（制）無条件賛美の情報洪水という状況をつくりだした（「即位」した天皇アキヒト賛美も含めた）。責任をまったく取らなかったかつての植民地支配と侵略戦争の最高責任者とその制度の賛美である。それは必然的に日本国家の植民地支配・侵略戦争の「肯定」（歴史的正当化）というムードを日本社会につくりだしていった。

政府・マスコミ・大企業が一体化して大々的につくりだしたこのムードに抗する闘いの渦中に、象徴天皇制デモクラシー（憲法理念）と対決する〈デモクラシー〉という動きが発生した。私たちも、そういう声を大きく上げだした。

憲法をめぐる問題としては、この状況下では、即位したアキヒト新天皇の「護憲宣言」なるものをめぐって、大きな議論が反天皇制運動の中でうみだされたのである。それは、天皇制に批判的であった人たちの中から、この発言を積極的に評価する人間が何人もあらわれたからであった。当時の私の発言を引こう。

私たち反天皇制運動連絡会は三月十八日、「アキヒト・キャンペーンを撃て！」というテーマで集会を持った。／私とともに問題提起者として発言していただいた日本キリスト教団の牧師であり「靖国問題」「天皇Xデー」問題に持続的に取り組んできた戸村政博が話の結びの部分で、アキヒトの一月九日の「朝見の儀」の「お言葉」である「日本国憲法を守り」との発言にふれ、こんなふうに語った。〈あんな言葉を評価してはいけない、あれは「臣下」に忠誠を誓わせる神道の儀式の中ではかれたものであり、もはや「解釈改憲」でなんでもできるので「明文改憲」は必要ではなくなったという支配者の自信が表現されているにすぎないのです〉。／彼同様、「護憲」（「政教分離の原則」を守れ）というロジックで闘い続けた人々の、新天皇の「護憲」宣言に幻惑されたのか、なにやらあやしげな発言が飛び交う時代の中で、非常に明快でスッキリした主張であった。／『朝日新聞』でアキヒトの「護憲」発言に「拍手」してみせた森村誠一が『世界』でヒロヒトは「自らの死を以って戦争責任の禊《みそぎ》をされたように見えた」と語り、日本軍部や連合国に利用され「戦争責任の重荷を背負いつづけなければならなかった」ヒロヒトという具合に、しきりと旧天皇に同情しつつ、新天皇についてこう語っている。／「軍国主義者の拠って立つ天皇が軍国主義者の〝天敵〟である平和憲法遵守を誓った意義は大きい」（「私のなかの昭和天皇」一九八九年三月号）。／森村によれば、新天皇は「民主々義を守るフェイルセーフ」に「なってくださる」という期待がもてるのだそうだ。天皇制が民主々義の安全装置らしい。彼にとっては、両者は矛盾しない。／私は「皇室はヘソのような存在でよいとおもっている。日本の誕生において重要な役を果したが、現在および将来の存続発展に関わりをもたない。だがヘソがなければ全体（国家体）としての格好がつかない」（同前）。／森村は気づいていないようだが、この「天皇（皇室）は国家体のヘソである」という主張は彼が対立していると思いこんでいるらしい「右翼」理論の「国体（国柄）＝象徴天皇制」論とたいした違いはない。彼等もみな、「平和と安定」の象徴としての天皇制のすばらしさを讃えているのである。なにか根本的なところで勘違いしているのではないか。／勘違いという点でいえば、以下のごとき『朝日新聞』一月九日〈夕刊〉の色川大吉・星野安三郎発言にも、そういう感想を持たざるをえなかった。／「しかし、憲法順守を繰り返され、平和主義の立場をとられたことは評価できる。憲法改正論者にとっては都合の悪い話であろう」（色川）。／「憲法と皇室典範によって皇位に就いたことを明言し、さらに憲法を守り、これに従って責務を果たすことを国民代表の前で誓ったことは、民主的な行き方としては高く評価できる」（星野）。／もちろん両者とも、天皇が高いところから「臣民」に忠誠を誓わせるといった「朝見の儀」といった儀式への批判は、はっきりと述べつつのコメントである。しかし、新天皇に期待する「民主主義」とは何なんだろう。それに「剣璽渡御の儀」という「三種の神器」の継承の儀式と連続した儀式「即位後朝見の儀」は二つとも国事行為として行なわれた。この憲法の政教分離原則の理念を公然とふみにじった儀式で発せられた「護憲」発言。「現人神」としての儀式をつみあげているアキヒトを前提とする「憲法」がどのようなものなのかは明白ではないか（私はこれを「憲法違反」という点より、政教分離をかかげつつ他方で神道の世界の「現人神」である男の一族の「世襲」による皇位の継承の規定を持つ「戦後憲法」の自己矛盾の露出という点にウェートを置いて考えている）。／星野は「天皇と天皇制をどうするか」(『マスコミ市民』一九八九年一月号)で、「国民主権と政教分離原則を貫いた即位式を行なわせ、新憲法下の天皇制を創造する道」を説き「具体的には新天皇の就任式を国会で行ない、憲法遵守義務の宣誓を行なわせるということである」と述べていた。いろいろ問題はあり、スッキリしない点も多いが、この線が、新天皇によってある程度は実現されたという評価ということになるのであろう。/「現人神」として国家の象徴という制度を生きる男に、どうしてこんな人間的期待をよせるのだろう。ここには問題のスリカエがあるのではないか。すくなくとも権力—マスコミのスリカエ操作にはめられているのではないか。/色川は「亡き天皇を平和主義者としてたたえたことは、アジア諸国の人びとにとって釈然としないのではないか」ともここで述べている。この点についてのアキヒトの「お言葉」はこうである。/「顧みれば、大行天皇には、御在位六十有余年、ひたすら世界の平和と国民の幸福を祈念され、激動の時代にあって、常に国民とともに幾多の苦難を乗り越えられ、今日、我が国は国民生活の安定と繁栄を実現し、平和国家として国際社会に名誉ある地位を占めるに至りました」。/アキヒトはヒロヒトの「御遺徳」を力説している。この一貫せる平和主義者で「国民の幸福」のために生きた〝恩人ヒロヒト〟という論理は、大量にたれ流され続けているマスコミの天皇賛美のトーンとまったく同一である。/今、こういう論理によって、「平和天皇をいただいた立憲君主制」という日本近代国家の連続性が操作的に強調され、「大日本帝国憲法」と「日本国憲法」の象徴天皇制は基本的なところですべて連続しているというインチキ・キャンペーンが展開されている。色川らは、アキヒトの守るといっている「憲法」の内実がこうしたものであるという事実をどう評価するのか。／アキヒトは五十四歳の誕生日を前に、記者たちにこう語っていたではないか(一九八七年十二月)。／「国民統合の象徴」との象徴天皇制は「天皇の伝統的姿にも一致している」。「明治天皇も政治と離れた面が強かった」。「美濃部博士は戦後もたしか、大日本帝国憲法のままでやっていけると述べている」。／アキヒトはここで、天皇機関説よりに解釈すれば大日本帝国憲法下の天皇制と象徴天皇制は連続していると考えられるという意味の主張を展開しているのである。／私は天皇が本当に立派なことをいったとしても、天皇に何かをしてもらおうと期待するという姿勢自体にまったく賛成できない。その点はおくとして、アキヒトの「護憲」発言を積極的に評価することなどは内容的にまったくできないことは明らかなのではないか。色川も星野も大日本帝国憲法（理念）と連続しているから戦後憲法（理念）を評価しているわけではあるまい。

「新天皇アキヒトの『護憲宣言』の政治力」（一九八九年）からの引用である。[4]この時代、私（たち）は戦後憲法の〈象徴天皇制デモクラシー〉理念の自己矛盾を明らかにすることで、その〈欺瞞のイデオロギー〉をこそ、具体的に撃ち続けたのである。〈象徴天皇制デモクラシー〉を肯定してしまう「護憲」理念（象徴天皇の国家儀礼そのものをストレートかつ全面的に批判せず、憲法の「政教分離」原則を楯にするのみの、腰のひけた主張）への批

4 「新天皇アキヒトの『護憲宣言』の政治力—反皇室外交のうねりを！」(『インパクション』一九八九年四月〈五十七〉号)。この論文は『マスコミじかけの天皇制』(一九九〇年・インパクト出版会)に収められている。

判をも媒介に。
この状況を、より具体的に認識してもらうために、この文章から、もう一ヵ所引用しておく。

小田実は、「民主々義に王様はいらない」と述べながらも、アキヒトの「護憲」発言を「長崎市長の天皇に戦争責任はある」との発言とならべて、「人の心を打つまっとうさがまちがいなくある」、「それゆえ、彼の発言を重い」と主張している（「重い発言のまえの『根元的民主々義』」『世界』一九八九年四月号）。／「存在をかけたまっとうさ」などをどうして感ずることができるのであろう。／「『憲法を護る』ことは、『過去の侵略責任』の一切を認めることであり、それ以外に論理、倫理の展開はない」と彼はここで強調している。／どうしてそんなことがいえるのか、天皇制の延命は象徴として天皇制を残すと規定した、戦後憲法の制定によって決定的になった。過去の侵略戦争の最高責任者がまったく責任をとらずに戦後を生きていくことも、新憲法によって制度的にはっきりと表現されたのではなかったのか。そして現実に天皇のままヒロヒトが死に、すぐアキヒトが（仮）「即位」するという現在の事態の中で、残念ながら、もはや変えようもないものとして確定されてしまった歴史事実としてそれは今、私たちの眼前にあるのではないのか。これ以外の「論理、倫理の展開はない」と私は考える。アキヒトの「護憲発言」など軽く聞きながせばよいなどとは、私も考えない。ただ、そのように考えるのは小田たちとはまったく反対の理由からだ。新天皇が語る「護憲」というマジック・ワードの政治的機能を、冷静かつ批判的に見すえ続けなければならないと考えるからである。

〈象徴天皇制デモクラシー〉を前提にして、できるだけデモクラシーの方に天皇制を解釈しようとする「護憲」派は、象徴天皇制のマジック・ワードによる政治に、まきこまれてしまっている点をこそ、私たちは問題にし抜いてきたのである。

しかし、私たちの天皇制批判の原理も〈デモクラシー＝民主々義〉であった。この点が、私の学生運動の時代とは、決定的に変っている。このことに、もちろん私は自覚的であった。当時、その点をどう考えていたのか。別の文章を引こう。「象徴天皇制と〈民主々義〉」という一九八九年の文章である。[5]「反天連」などの呼びかけで「天皇制の賛美・強化に反対する共同声明運動」が結成され、その中でつみあげられている〈「民主々義」に天皇制はいらない〉というスローガンをめぐっての討論を紹介しつつ、私は以下のように主張している。

〈「民主主義」に天皇制はいらない〉のスローガンは護憲派への「配慮」と「妥協の産物」であったのだろうか。声明の第一項の民主々義についても、このスローガンの中の民主々義についてもカッコをつけたほうがいいと積極的に主張した人間の一人として証言しておくが、それは私にとっては民主主義という言葉への「嫌悪感」がつけさせたものなどではなかったのだ。／私は、この象徴天皇制と対決する〈民主主義〉という土俵で、様々な歴史・体験がクロスする必

5　「象徴天皇制と〈民主主義〉——時間と空間を取りもどす闘い」（『労働運動研究』一九八九年七月号）。この論文も『マスコミじかけの天皇制』に収められている。

要があると考えたのであった。それに、天皇制と両立できない民主主義である以上、守るべき秩序としての戦後民主主義をそれが全面的に表現しているわけがないと考えていた。ただ、この手あかにまみれた〈民主主義〉という言葉を使う以上、その独自の意味をより持続的に討論し続けなくてはなるまいと考えていたのである。カッコをつけることは、私のそういった意思の必然的な要請であった。「配慮」はそれなりにあったが、「妥協」などという意識は、私にはまったくなかったのだ。／私にとっては、はじめからこの言葉に、どれだけの積極的な思想的内実をもりこめるかということだけが問題であったといえよう。／〈象徴天皇制対民主主義〉という土俵でクロスする様々な歴史体験という問題についてより具体的に論じよう。／この間の反天皇制運動の大衆化は、運動の流れの中で、ことなる世代の歴史（運動あるいは被弾圧を含む）体験を交流させることを促進してきた。／同じ世代でも本当は個々バラバラな天皇制体験が、さまざまにクロスしつつ、ある大きな合流の枠組をつくってきたと思う。／例えば福富節男は『天皇制はいらない！』に収められた「天皇制はいらないという運動のために」で、この間の運動体験を整理しつつこの問題についてこう語っている。／「第一は天皇制を戦前のもの、戦後のものと断絶する面をとらえていくより、法的形態の差をこえて、むしろ戦前、戦後の連続性についての認識の大衆化を進めたこと。第二は、反戦・平和＝護憲と考えていた人びとの中から、この等式を打ち切る傾向が生まれたこと。つまり象徴天皇制のあいまいさとうさんくささの認識、さらにそれを越えて、象徴天皇制が民主々義と相い容れないものであること、差別の根源的存在であることの認識が拡がったことである。」／私たち「全共闘世代」の多くは、戦前（中）の日本の帝国主義支配の戦後への連続という点をストレートに問題にし、「戦後民主主義」が支配者の秩序維持のためのイデオロギーであることを激しく批判する体験の方が先であった。そうした体験をテコにしながら、時間的にはずいぶん後になって象徴天皇制との対決というテーマに直面した。形態を転換しながら天皇制の延命（連続）という事態の恐ろしい意味を、時とともに深く自覚するようになってきたのである。／中山千夏は「象徴天皇制について考えたこと」でこう主張している。／「……天皇制についてはなかなかよく考えなかった。白状すると、本格的に考えはじめたのは、昭和天皇がいよいよ死にそうになってからである。不勉強のいいわけをするわけではないが、戦争を知らない私にとって、天皇家はずっと抽象的な存在だった。具体的な問題としてわが身に迫ってこなかった。具体的でない問題については、一応の理屈を持つことはできても、自分自身で深く考えることがなかなかできないタチなのだ。これは自分自身でもよく考えてみなければと、私を動かしたものの一つは、いざコトが起きてみたら、何一つ明らかではなかったことについての大きな驚きだった。天皇が死んだら何があるのか、葬式はどうなるのか、墓はどうなるのか、元号はどう決まるのか、目前に迫っている行事について、私たちは何もわからない。今、現在、天皇が生きているかどうかさえわからない。こんなことは生まれて初めての経験だった。」／「私が見聞してきた天皇制批判の多くは、そのポイントが旧憲法上の天皇制（および戦争責任のように旧憲法下での天皇の行動）に集中していたように思う。だからこうした批判や警告は、『まさかあ』というかなり現実的な感性に対して、力を持たなかった。旧憲法下のようになりさえしなければ、天皇制には問題が無いかのような印象さえ生み出した。そして旧憲法天皇制を体現する昭和天皇が、戦争責任と共に世を去った今となっては、問題は八割方、消滅した観がある。／しかし、よく考えてみると、問題があるのはまさに今の天皇制、『象徴天皇制』なのだ。憲法の冒頭を飾りながら『象徴天皇制』は憲法との矛盾に満ちている」（『天皇制なんかいらない！』所収）。／象徴天皇制へと形態を転換しながら延命（連続）した〈象徴天皇制〉こそが問題である。こうした認識が、合流点である。／敗戦直後に「天皇制打倒」を闘った戦中派コミュニストの中からも、あらためて自分たちの負性を総括しつつ、現在の象徴天皇制との具体的対決という課題を担う人も出てきている。／今度の「天皇Xデー状況の〈異常さ〉は世代も立場もバラバラの多くの人々を、〈象徴天皇制と対決する民主主義〉という土俵へおしあげ、合流させた。[6]

私たちは、〈象徴天皇制デモクラシー〉の欺瞞と対決する時、デモクラシーを対置する方法を取った。まっとうな民主主義を対置したのである。この事は〈人権〉同様〈民主主義〉も外来の思想ではあるが、戦後憲法を支える理念として大きく流入されており、それは権力への抵抗の武器として、自分たちでキチンとつかまえなおすべきものとして社会に存在している思想であることの重大な意味に、あらためて自覚的になったからである。それは「護憲」理念の中にも存在し

6　この文章の中で紹介されている『天皇制なんかいらない！』は天皇制の賛美・強化に反対する共同声明運動と日本基督教団・天皇代替りに関する情報センターの共編で一九八九年に新地平社から出版されている。

なかったわけではない、重要なものを、自分たちの抵抗の原理として、自覚的に置きなおしていく作業であったかもしれない。象徴天皇制の方にデモクラシーを引きつけてしまうような「護憲派」の思想への私たちの具体的批判の活動は、反対にデモクラシーを象徴天皇制と対決させるという土俵をつくってなされた。その土俵に、私たちからすれば「護憲派」と考えてきた人々や運動グループが、広く合流してくるという局面がつくりだされたのである。それは福富節男がいっている「反戦・平和＝護憲と考えていた人びとの中から、この等式を打ち切る傾向が生まれた」ということである。

この合流の中で、私（たち）も変っていったのである。デモクラシーの欺瞞を批判する自分たちの原理も、もう一つの、ラディカルなデモクラシーであるという事に、十分に自覚的になっていったのである。

かつて、〈人権〉がそうであったように〈デモクラシー〉も自分たちの運動の中で発見されてきたのであった。

天皇ヒロヒト「Xデー」状況という、戦後憲法の欺瞞性（自己矛盾）が公然と露出された時に、それへの具体的批判を集中しながら、それが戦後憲法によってもたらされたデモクラシーの思想のきたえなおしという作業でもあることに、私たちは気づいてきたのである。

この、民主主義の思想について、先にふれた「象徴天皇制と〈民主主義〉」で私はこのように論じている。

天皇制をなくしていく闘いとは、このように奪われ続けてきた、民衆の相互主体的な自己決定の領域と時間を奪いかえしつくりかえることである。それは天皇制国家の操作・抑圧・支配に反撃する民衆の「集団的主体制」として民主主義を豊かにつくり出していくことと同義であるはずだ。／こうした〈民主主義〉運動の主体たるためには、歴史的に蓄積されている、民衆の敗北の体験をリアルに認識することがまず必要だ。

この時代、私たちは象徴天皇制批判の活動を精力的に持続しながら、「反安保」の「六月共同行動」をも、「反安保と反天皇制の合流」を呼びかけながら担いだしたのであった。この時の私（たち）の〈平和〉の問題へのスタンスは、学生運動時代以来の「平和憲法」の欺瞞性を批判することへの固定的執着の延長線上のもの以上ではなかった。アキヒト天皇の「即位・大嘗祭」と対決する運動を走りながら、六月共同行動を呼びかけた文章の中で、私はこのように論じている。

平和憲法も、非核三原則も、日本は非武装・非核であるというベールとして機能していたことが、あらためて確認されなければならないのだ。それはイメージ操作の道具であったにすぎない。戦後すぐ米軍によって日本は核武装され続けていたのだ、という実態を見ない論理（非核日本・平和憲法を守ろう）は欺瞞をしか組織しないのである。／平和憲法＝象徴天皇制の「クリーン」のイメージがおおいかくしているグロテスクな実態をあばきだす闘い――反安保と反天皇制の運動のゆたかな交流――を、そしてそれを媒介に新天皇の「即位式」、大嘗祭を許さない運動のうねりを、さらに大衆化していくことを目指して「六月共同行動」は闘い抜かなければならない。[7]

「平和」(「安保」)問題については、ともに運動を担っている護憲派の平和主義の「欺瞞」性を批判することに熱心で、平和憲法の理念の中にある切実なものを共有していこうという姿勢は、まだ生まれていないことを、私のこの文章は正直に語っている。

7 『「クリーン」・「グリーン」アキヒトの内実――『六月共同行動』へ向けて」(『インパクション』一九八九年六月〈五十八〉号)。これも『マスコミじかけの天皇制』に収められている。

④憲法「九条」の発見

一九九三年(八月)に刊行された「はへいちぇっくブックレット」(『「非武装国家」の現在的意味を考える――「平和基法」構想を問う』)の「編集後記」に、私はこのように書いている。

派兵チェック編集委員会の活動は、昨年のPKO法の成立をなんとか阻止しようと「議面」での連続行動を直接の契機にしてつくりだされていったと思う。もちろん、それよりはるか以前に私を講師とした「ハロハロ講座」の何年かの蓄積をテコにつくられた「反戦・平和運動研究会」の活動があり、それより以前に「反天皇制運動連絡会」の持続的な運動とその反派兵行動への活動領域の拡大という流れがあった。こういう動きの渦の中から、反派兵・反戦ということを直接の課題とする大衆運動体、反PKO派兵の声を大きくネットワークしうる運動体がつくられるべきだという声があがり、「議面」行動でのチームプレーを通じて、体験的になんとかつくれそうだということになり、とにかくやろうという個人がいろんなところから集まって月刊ニュースの発行を軸に、ゆっくりスタートしだしたわけである。

九〇年代に入り、私は反戦・反派兵を持続的なテーマとする運動をも担いだしたのだ。反戦・平和運動の中では、常に「憲法九条」の理念を、どのように位置づけるのかという問題が論議にならざるを得ない。その中での論議を通して、私は、〈九条〉の思想の切実さ、大切さを、遅ればせながら発見していくことになったのである。

この点については『沖縄経験――〈民衆の安全保障〉へ』(二〇〇〇年)のために書いた「〈非武装国家〉化から〈民衆の安全保障〉づくりへ」で、私は以下のように整理している。[8]

私は、ここで、日本の「非武装国家」化を目指すこと、これを自分たちの反PKO派兵の反戦運動の原理に据えることを主張している。湾岸反戦運動の中で、闘いの一方の当事者に加担できないという構造で成立する反戦運動の、ある積極性を論じた私は、その運動の中で自分の「崩壊感覚」の根拠は、自分たち自身の軍隊・武器・暴力の問題に対する曖昧さであることだ

8 『沖縄経験――〈民衆の安全保障〉へ』(社会評論社・二〇〇〇年)。それは一九九八年七月から二〇〇〇年五月までの活動の記録でもある。

と実感しだしていた。侵略に対抗する民衆の武力へのロマンは、ベトナム反戦以来、私自身にも、それほど強いものではなかったとはいえ、存在した。武装（暴力）闘争へのロマンは、旧左翼の議会主義的体質への強い抗議からスタートした新左翼の実力闘争主義の行動の中では、つねに支配的であった（特に諸党派は）。私（たち）は、すでにその軍団への意志が、他党派などに向けられ、凄惨のきわみともいった「内ゲバ」戦争（内部的には粛清政治）をうみだしてきた歴史も、十二分に知っていた。／平和憲法の欺瞞を批判する論理（それ自体は当然である）の裏がわに、自分たちの民衆の武装や軍事へのロマンが、程度の差こそあれ、はりついていたのではないか（もちろん広い意味での「新左翼」の流れの中には「非暴力」の思想も存在したのだから、すべての人間がそうであったわけではないだろうが）。これが、非暴力・非軍事・非武装の思想と自分たちが曖昧にしか（悪くいえば戦術的にしか）向きあえなかった歴史的理由であること、私はこのことに自覚的にならざるをえなかった。／湾岸戦争は、日本の軍隊の派兵という事態まで引き出したわけであるから、平和憲法（非武装国家）理念の、現実的な欺瞞はすさまじい高さになっていた。そして戦争（軍隊）の現実にあわせようという「現実主義」が、九条を理念として神棚にまつりあげる傾向の強かった「護憲派」の内部から多様にうまれてきた時代であった。そして、九条が強いられている欺瞞の構造の上に寝そべって、その抽象理念を、意味ありげに持ち出して、思想的にオモチャにした、かつての革命主義者（新左翼）たちの動きも浮上してきていた。／私は、かつての九条主義者や、にわかづくりの九条主義者によって、九条（非武装国家〉の理念が、現実に存在する日本の軍隊や派兵を正当化するための詭弁のごときロジックの小道具とされ、最終的に「解体」していく思想的状況に立ちあいながら、自分たちの反戦運動の中に、キチンとこの〈非武装国家化＝非軍事社会化〉の原理こそが据えられるべきだと、強く思い始めていた。私の「崩壊感覚」は、私の中に、そういう問題を浮上させた。

私は、このように反戦・平和運動を走り続ける中で、〈九条〉を発見していったのである。そしてそれは、沖縄の反基地闘争との出会いによって、加速されることになったのである。「一人の女性を守れない安全保障とは何か」という沖縄の女性たちが、米兵の少女レイプ事件の時に発した言葉をめぐって、私はそこで、このように論じている。

この非常によく分かる言葉の背後には、すさまじい数のレイプの被害だけでなく、米軍による大量の事故〈飛行機が落ちるというようなものではなく、日常化されている米兵による交通事故〈補償すらなかった〉などの〉被害があり、基地に使用するための土地とりあげもあった。こうしたことの歴史の蓄積が存在していたのである。そして、さらにその背後には全住民をまきこみ、すさまじい数の軍人でない住民の被害者をも出した、沖縄戦の体験があった。ギリギリの局面で、住民たちは日本兵によって殺傷されたのである。〈軍隊（基地）は民衆（住民）を守らない。武器によって平和はつくられない〉。／多くの沖縄の人々が戦前（中）戦後の沖縄の体験を通して、そう実感している。そして、米軍用地強制使用に反対する「反戦地主」やそれを支援する一坪反戦地主の運動に象徴される、多様な反基地の運動の中で、その体験は〈思想化＝経験化〉されてきたのだ。この間の反基地・反安保運動への連帯を目指す行動を媒介に、私たちは、この〈沖縄経験〉と直面しつづけることとなった。そして、この〈経験〉からくるメッセージは、私（たち）の胸にストンと落ちたのである。湾岸反戦運動を通して、私（たち）は「非武装国家」という原理を行動のベースに自覚的に据えだしたわけであるが、考えてみれば、この事によって〈沖縄経験〉をそれなりにキチンと受け止めることが私（たち）に可能になったのである。

今、全国各地からイラクに向かって自衛隊は派兵され続けており、私たちは、このイラク派兵反対の行動をつみあげ続けてきた。そして、平和憲法の欺瞞度は、信じがたいほど高度化している（軍隊を持たないと憲法で宣言した国が派兵し続けているのだ。「人道復興支援」という「平和」のための行動というベールをかぶせて）。

しかし、私たちは持続されている反派兵行動、そして沖縄の新しい米軍基地づくりに反対する闘いへの連帯行動において、この平和憲法の欺瞞性を批判することよりも、九条（非武装・非暴力）の思想を実践する（その具体的実現を求める）方向での主張を全面化してきた。派兵国家化＝社会の軍事化（「有事立法」づくりと軍需産業の拡大）が進展している現状を具体的に批判し抜く行動を支える原理にそれを置き続けてきたのである。

一貫したアメリカの要請によって強化されてきた日本の自衛隊は、アメリカ軍とともに海外の戦場へ出動することが日常化してしまうところにまできた（「日米安保」条約の枠組をも超えた動きがつくられてしまったわけである）。権力者たちは、そういうかたちで平和憲法を破壊し続けている。そして、ついに軍隊を持ち海外派兵を合憲とする方向への明文改憲のプランを提出するにまでいたったのである。

こうした状況に抗して、私たちは、二〇〇五年四月に主に反天皇制運動や反派兵運動を共に担ってきた仲間から「有志」をつのって『「反改憲」運動通信』づくりを開始した。派兵国家化のみでなく、象徴天皇制を強化し、人権より「国益」を優先させ、地方自治を破壊しようという新憲法づくりにトータルに反撃する「反改憲」の運動の流れを加速するメディアづくりから始めて、全国の、そして様々な「反改憲」の声を連絡していくことが、そこでは目指されている。

もちろん、その活動の中での私のスタンスは日本国憲法全体を価値とする「護憲」ではありえない。

「護憲」論者との共闘は目指すが、自分の長い運動〈経験〉をふまえて考えれば、権力者の改憲に反対する「反改憲」というスタンス以外はとりようがないのである。

もちろん、この「反改憲」運動において、憲法の「欺瞞性」を固定的にいいつのる方法は排されるべきだと私は考えている。しかし、憲法の大切な「非武装・非暴力」「人権」の思想を現実化するためにも、憲法に根拠を持って成立している天皇制などは、なくさなければならないもの

9　「非武装国家」の思想を、より憲法解釈学に内在していえば「平和的生存権」の思想であるといえよう。それと私たちが運動の中で押し出してきた「民衆の安全保障」の論理との関連については、私の「『自民党新憲法草案』と新『日米同盟』の歴史的関係を読む――改憲を偽装した新憲法づくりという〈クーデター〉

であるというようなことは、この運動の中でも公然と主張していくべきだとも考えているのだ（象徴天皇制批判を日常化してきた私たちこそ、権力の改憲による天皇制強化の政策の恐ろしさは強く実感できるのだ）。

政府（権力者）の改憲プランに反対するという大きな土俵の上で、多様な立場の人々が公然と論議しながらネット・ワークを拡大しつつ進んでいけるような「反改憲」運動。憲法の抽象理念（平和・人権・民主主義といった）それ自体をありがたがるのではなく、その理念を現実化すべく闘っている、具体的課題を持った運動、そういう運動を担っている個人やグループが、その運動課題の内在的必然性によって広く交流していけるような「反改憲」運動こそが目指されているのだ。[9]

を阻止しよう！」（派兵チェック編集委員会のパンフレット『今こそ日米〈安保〉同盟を問う!!』二〇〇六年二月所収）を参照。

現時点での私たちの反天皇制運動の中では、戦前（中）と戦後の連続という私たちが問題にし続けてきた視点をふまえつつ、敗戦・米軍占領がもたらした断絶（非連続）にこそ注目しようということが語られだしている（〈アメリカじかけの象徴天皇制〉という問題である）。こうした問題については、この論文は少しふれている。また、この問題について私が主題的に論じたものとしては「〈占領民主主義〉の神話と現実」（『レヴィジオン［再審］第1輯』社会評論社・一九九八年六月、『沖縄〈経験〉』所収）がある。

【資料】 自由民主党　新憲法草案（現行憲法対照）

（注）新憲法草案の条文番号は、現段階では、参照の便宜のため現行憲法とそろえた。
実質的な変更がある条項は、ゴシック体で表記し、網掛けをした。（編集部注：
本書では、読みやすさを考慮して網掛けは施さなかった。）

新憲法案	現行憲法
目次 前文 第一章　天皇（第一条―八条） 第二章　安全保障（第九条・第九条の二） 第三章　国民の権利及び義務（第十条―四十条） 第四章　国会（第四十一条―六十四条の二） 第五章　内閣（第六十五条―七十五条） 第六章　司法（第七十六条―八十二条） 第七章　財政（第八十三条―九十一条） 第八章　地方自治（第九十一条の二―九十五条） 第九章　改正（第九十六条） 第十章　最高法規（第九十七条―九十九条	（新設）

日本国民は、自らの意思と決意に基づき、主権者として、ここに新しい憲法を制定する。

象徴天皇制は、これを維持する。また、国民主権と民主主義、自由主義と基本的人権の尊重及び平和主義と国際協調主義の基本原則は、不変の価値として継承する。

日本国民は、帰属する国や社会を愛情と責任感と気概をもって自ら支え守る責務を共有し、自由かつ公正で活力ある社会の発展と国民福祉の充実を図り、教育の振興と文化の創造及び地方自治の発展を重視する。

日本国民は、正義と秩序を基調とする国際平和を誠実に願い、他国とともにその実現のため、協力し合う。国際社会において、価値観の多様性を認めつつ、圧政や人権侵害を根絶させるため、不断の努力を行う。

日本国民は、自然との共生を信条に、自国のみならずかけがえのない地球の環境を守るため、力を尽くす。

日本国民は、正当に選挙された国会における代表者を通じて行動し、われらとわれらの子孫のために、諸国民との協和による成果と、わが国全土にわたつて自由のもたらす恵沢を確保し、政府の行為によつて再び戦争の惨禍が起ることのないやうにすることを決意し、ここに主権が国民に存することを宣言し、この憲法を確定する。そもそも国政は、国民の厳粛な信託によるものであつて、その権威は国民に由来し、その権力は国民の代表者がこれを行使し、その福利は国民がこれを享受する。これは人類普遍の原理であり、この憲法は、かかる原理に基くものである。われらは、これに反する一切の憲法、法令及び詔勅を排除する。

日本国民は、恒久の平和を念願し、人間相互の関係を支配する崇高な理想を深く自覚するのであつて、平和を愛する諸国民の公正と信義に信頼して、われらの安全と生存を保持しようと決意した。われらは、平和を維持し、専制と隷従、圧迫と偏狭を地上から永遠に除去しようと努めてゐる国際社会において、名誉ある地位を占めたいと思ふ。われらは、全世界の国民が、ひとしく恐怖と欠乏から免かれ、平和のうちに生存する権利を有することを確認する。

われらは、いづれの国家も、自国のことのみに専念して他国を無視してはならないのであつて、政治道徳の法則は、普遍的なものであり、この法則に従ふことは、自国の主権を維持し、他国と対等関係に立たうとする各国の責務であると信ずる。

第一章　天皇

（天皇）
第一条　天皇は、日本国の象徴であり日本国民統合の象徴であって、この地位は、主権の存する日本国民の総意に基づく。

（皇位の継承）
第二条　皇位は、世襲のものであって、国会の議決した皇室典範の定めるところにより、これを継承する。

第三条　（第六条第四項参照）

（天皇の権能）
第四条　天皇は、この憲法の定める国事に関する行為のみを行い、国政に関する権能を有しない。

日本国民は、国家の名誉にかけ、全力をあげてこの崇高な理想と目的を達成することを誓ふ。

第一章　天皇

第一条　天皇は、日本国の象徴であり日本国民統合の象徴であつて、この地位は、主権の存する日本国民の総意に基く。

第二条　皇位は、世襲のものであつて、国会の議決した皇室典範の定めるところにより、これを継承する。

第三条　天皇の国事に関するすべての行為には、内閣の助言と承認を必要とし、内閣が、その責任を負ふ。

第四条　天皇は、この憲法の定める国事に関する行為のみを行ひ、国政に関する権能を有しない。

②　天皇は、法律の定めるところにより、その国事に関する行為を委任することができる。

第五条　（第七条参照）

（天皇の国事行為）

第六条　天皇は、国民のために、国会の指名に基づいて内閣総理大臣を任命し、内閣の指名に基づいて最高裁判所の長たる裁判官を任命する。

2　天皇は、国民のために、次に掲げる国事に関する行為を行う。

一　憲法改正、法律、政令及び条約を公布すること。

二　国会を召集すること。

三　第五十四条第一項の規定による決定に基づいて衆議院を解散すること。

四　衆議院議員の総選挙及び参議院議員の通常選挙の施行を公示すること。

五　国務大臣及び法律の定めるその他の国の公務員の任免並びに全権委任状並びに大使及び公使の信任状を認証すること。

六　大赦、特赦、減刑、刑の執行の免除及び復権を認証すること。

七　栄典を授与すること。

八　批准書及び法律の定めるその他の外交文書を認証すること。

第五条　皇室典範の定めるところにより摂政を置くときは、摂政は、天皇の名でその国事に関する行為を行ふ。この場合には、前条第一項の規定を準用する。

第六条　天皇は、国会の指名に基いて、内閣総理大臣を任命する。

②　天皇は、内閣の指名に基いて、最高裁判所の長たる裁判官を任命する。

第七条　天皇は、内閣の助言と承認により、国民のために、左の国事に関する行為を行ふ。

一　（同上）

二　（同上）

三　衆議院を解散すること。

四　国会議員の総選挙の施行を公示すること。

五　国務大臣及び法律の定めるその他の官吏の任免並びに全権委任状及び大使及び公使の信任状を認証すること。

六　（同上）

七　（同上）

八　（同上）

九　外国の大使及び公使を接受すること。
十　儀式を行うこと。
3　天皇は、法律の定めるところにより、前二項の行為を委任することができる。
4　天皇の国事に関するすべての行為には、内閣の助言と承認を必要とし、内閣がその責任を負う。
（摂政）
第七条　皇室典範の定めるところにより摂政を置くときは、摂政は、天皇の名で、その国事に関する行為を行う。
2　第四条及び前条第四項の規定は、摂政について準用する。
（皇室への財産の譲渡等の制限）
第八条　皇室に財産を譲り渡し、又は皇室が財産を譲り受け、若しくは賜与するには、法律で定める場合を除き、国会の議決を経なければならない。

第二章　安全保障

九　（同上）
十　儀式を行ふこと。
第四条　（略）
②　天皇は、法律の定めるところにより、その国事に関する行為を委任することができる。
第三条　天皇の国事に関するすべての行為には、内閣の助言と承認を必要とし、内閣が、その責任を負ふ。
第五条　皇室典範の定めるところにより摂政を置くときは、摂政は、天皇の名でその国事に関する行為を行ふ。この場合には、前条第一項の規定を準用する。
第八条　皇室に財産を譲り渡し、又は皇室が、財産を譲り受け、若しくは賜与することは、国会の議決に基かなければならない。

第二章　戦争の放棄

(平和主義)

第九条　日本国民は、正義と秩序を基調とする国際平和を誠実に希求し、国権の発動たる戦争と、武力による威嚇又は武力の行使は、国際紛争を解決する手段としては、永久にこれを放棄する。

(削る)

(自衛軍)

第九条の二　我が国の平和と独立並びに国及び国民の安全を確保するため、内閣総理大臣を最高指揮権者とする自衛軍を保持する。

2　自衛軍は、前項の規定による任務を遂行するための活動を行うにつき、法律の定めるところにより、国会の承認その他の統制に服する。

3　自衛軍は、第一項の規定による任務を遂行するための活動のほか、法律の定めるところにより、国際社会の平和と安全を確保するために国際的に協調して行われる活動及び緊急事態における公の秩序を維持し、又は国民の生命若しくは自由を守るための活動を行うことができる。

4　前二項に定めるもののほか、自衛軍の組織及び統制に関する事項は、法律で定める。

(同上)

②　前項の目的を達するため、陸海空軍その他の戦力は、これを保持しない。国の交戦権は、これを認めない。

(新設)

第三章　国民の権利及び義務

（日本国民）
第十条　日本国民の要件は、法律で定める。

（基本的人権の享有）
第十一条　国民は、すべての基本的人権の享有を妨げられない。この憲法が国民に保障する基本的人権は、侵すことのできない永久の権利として、現在及び将来の国民に与えられる。

（国民の責務）
第十二条　この憲法が国民に保障する自由及び権利は、国民の不断の努力によって、保持しなければならない。国民は、これを濫用してはならないのであって、自由及び権利には責任及び義務が伴うことを自覚しつつ、常に公益及び公の秩序に反しないように自由を享受し、権利を行使する責務を負う。

（個人の尊重等）
第十三条　すべて国民は、個人として尊重される。生命、自由及び幸福追求に対する国民の権利については、公益及び公の秩序に反しない限り、立法その他の国政の上で、最大の尊重を必要とする。

第三章　国民の権利及び義務

第十条　日本国民たる要件は、法律でこれを定める。

第十一条　国民は、すべての基本的人権の享有を妨げられない。この憲法が国民に保障する基本的人権は、侵すことのできない永久の権利として、現在及び将来の国民に与へられる。

第十二条　この憲法が国民に保障する自由及び権利は、国民の不断の努力によつて、これを保持しなければならない。又、国民は、これを濫用してはならないのであつて、常に公共の福祉のためにこれを利用する責任を負ふ。

第十三条　すべて国民は、個人として尊重される。生命、自由及び幸福追求に対する国民の権利については、公共の福祉に反しない限り、立法その他の国政の上で、最大の尊重を必要とする。

（法の下の平等）
第十四条　すべて国民は、法の下に平等であって、人種、信条、性別、障害の有無、社会的身分又は門地により、政治的、経済的又は社会的関係において、差別されない。
2　華族その他の貴族の制度は、認めない。
3　栄誉、勲章その他の栄典の授与は、いかなる特権も伴わない。栄典の授与は、現にこれを有し、又は将来これを受ける者の一代に限り、その効力を有する。

（公務員の選定及び罷免に関する権利等）
第十五条　公務員を選定し、及び罷免することは、国民固有の権利である。
2　すべて公務員は、全体の奉仕者であって、一部の奉仕者ではない。
3　公務員の選挙については、成年者による普通選挙を保障する。
4　選挙における投票の秘密は、侵してはならない。選挙人は、その選択に関し、公的にも私的にも責任を問われない。

（請願をする権利）
第十六条　何人も、損害の救済、公務員の罷免、法律、命令又は規則の制定、廃止又は改正その他の事項に関し、平穏に請願をする

第十四条　すべて国民は、法の下に平等であつて、人種、信条、性別、社会的身分又は門地により、政治的、経済的又は社会的関係において、差別されない。
②　華族その他の貴族の制度は、これを認めない。
③　栄誉、勲章その他の栄典の授与は、いかなる特権も伴はない。栄典の授与は、現にこれを有し、又は将来これを受ける者の一代に限り、その効力を有する。
第十五条　公務員を選定し、及びこれを罷免することは、国民固有の権利である。
②　すべて公務員は、全体の奉仕者であつて、一部の奉仕者ではない。
③　（同上）
④　すべて選挙における投票の秘密は、これを侵してはならない。選挙人は、その選択に関し公的にも私的にも責任を問はれない。
第十六条　何人も、損害の救済、公務員の罷免、法律、命令又は規則の制定、廃止又は改正その他の事項に関し、平穏に請願する権

権利を有する。

2　請願をした者は、そのためにいかなる差別待遇も受けない。

（国等に対する賠償請求権）

第十七条　何人も、公務員の不法行為により損害を受けたときは、法律の定めるところにより、国又は公共団体に、その賠償を求めることができる。

（奴隷的拘束及び苦役からの自由）

第十八条　何人も、いかなる奴隷的拘束も受けない。

2　何人も、犯罪による処罰の場合を除いては、その意に反する苦役に服させられない。

（思想及び良心の自由）

第十九条　思想及び良心の自由は、侵してはならない。

（個人情報の保護等）

第十九条の二　何人も、自己に関する情報を不当に取得され、保有

利を有し、何人も、かかる請願をしたためにいかなる差別待遇も受けない。

第十七条　何人も、公務員の不法行為により、損害を受けたときは、法律の定めるところにより、国又は公共団体に、その賠償を求めることができる。

第十八条　何人も、いかなる奴隷的拘束も受けない。又、犯罪に因る処罰の場合を除いては、その意に反する苦役に服させられない。

第十九条　思想及び良心の自由は、これを侵してはならない。

（新設）

され、又は利用されない。

2　通信の秘密は、侵してはならない。

（信教の自由）

第二十条　信教の自由は、何人に対しても保障する。いかなる宗教団体も、国から特権を受け、又は政治上の権力を行使してはならない。

2　何人も、宗教上の行為、祝典、儀式又は行事に参加することを強制されない。

3　国及び公共団体は、社会的儀礼又は習俗的行為の範囲を超える宗教教育その他の宗教的活動であって、宗教的意義を有し、特定の宗教に対する援助、助長若しくは促進又は圧迫若しくは干渉となるようなものを行ってはならない。

（表現の自由）

第二十一条　集会、結社及び言論、出版その他一切の表現の自由は、何人に対しても保障する。

2　検閲は、してはならない。

（国政上の行為に関する説明の責務）

第二十一条の二　国は、国政上の行為につき国民に説明する責務を

第二十条　信教の自由は、何人に対してもこれを保障する。いかなる宗教団体も、国から特権を受け、又は政治上の権力を行使してはならない。

②　（同上）

③　国及びその機関は、宗教教育その他いかなる宗教的活動もしてはならない。

第二十一条　集会、結社及び言論、出版その他一切の表現の自由は、これを保障する。

②　検閲は、これをしてはならない。通信の秘密は、これを侵してはならない。

（新設）

負う。

（居住、移転及び職業選択等の自由等）

第二十二条　何人も、居住、移転及び職業選択の自由を有する。

2　すべて国民は、外国に移住し、又は国籍を離脱する自由を侵されない。

（学問の自由）

第二十三条　学問の自由は、何人に対しても保障する。

（婚姻及び家族に関する基本原則）

第二十四条　婚姻は、両性の合意のみに基づいて成立し、夫婦が同等の権利を有することを基本として、相互の協力により、維持されなければならない。

2　配偶者の選択、財産権、相続、住居の選定、離婚並びに婚姻及び家族に関するその他の事項に関しては、法律は、個人の尊厳と両性の本質的平等に立脚して、制定されなければならない。

（生存権等）

第二十五条　すべて国民は、健康で文化的な最低限度の生活を営む

第二十二条　何人も、公共の福祉に反しない限り、居住、移転及び職業選択の自由を有する。

②　何人も、外国に移住し、又は国籍を離脱する自由を侵されない。

第二十三条　学問の自由は、これを保障する。

第二十四条　婚姻は、両性の合意のみに基いて成立し、夫婦が同等の権利を有することを基本として、相互の協力により、維持されなければならない。

②　（同上）

第二十五条　（同上）

権利を有する。

2 国は、国民生活のあらゆる側面について、社会福祉、社会保障及び公衆衛生の向上及び増進に努めなければならない。

（国の環境保全の責務）

第二十五条の二　国は、国民が良好な環境の恵沢を享受することができるようにその保全に努めなければならない。

（犯罪被害者の権利）

第二十五条の三　犯罪被害者は、その尊厳にふさわしい処遇を受ける権利を有する。

（教育に関する権利及び義務）

第二十六条　すべて国民は、法律の定めるところにより、その能力に応じて、ひとしく教育を受ける権利を有する。

2 すべて国民は、法律の定めるところにより、その保護する子に普通教育を受けさせる義務を負う。義務教育は、無償とする。

（勤労の権利及び義務等）

第二十七条　すべて国民は、勤労の権利を有し、義務を負う。

2 賃金、就業時間、休息その他の勤労条件に関する基準は、法律

---

② 国は、すべての生活部面について、社会福祉、社会保障及び公衆衛生の向上及び増進に努めなければならない。

（新設）

（新設）

第二十六条　（同上）

② すべて国民は、法律の定めるところにより、その保護する子女に普通教育を受けさせる義務を負ふ。義務教育は、これを無償とする。

第二十七条　すべて国民は、勤労の権利を有し、義務を負ふ。

② 賃金、就業時間、休息その他の勤労条件に関する基準は、法律

で定める。

3　児童は、酷使してはならない。

（勤労者の団結権等）

第二十八条　勤労者の団結する権利及び団体交渉その他の団体行動をする権利は、保障する。

（財産権）

第二十九条　財産権は、侵してはならない。

2　財産権の内容は、公益及び公の秩序に適合するように、法律で定める。この場合において、知的財産権については、国民の知的創造力の向上及び活力ある社会の実現に留意しなければならない。

3　私有財産は、正当な補償の下に、公共のために用いることができる。

（納税の義務）

第三十条　国民は、法律の定めるところにより、納税の義務を負う。

（適正手続の保障）

第三十一条　何人も、法律の定める適正な手続によらなければ、そ

でこれを定める。

③　児童は、これを酷使してはならない。

第二十八条　勤労者の団結する権利及び団体交渉その他の団体行動をする権利は、これを保障する。

第二十九条　財産権は、これを侵してはならない。

②　財産権の内容は、公共の福祉に適合するやうに、法律でこれを定める。

③　私有財産は、正当な補償の下に、これを公共のために用ひることができる。

第三十条　国民は、法律の定めるところにより、納税の義務を負ふ。

第三十一条　何人も、法律の定める手続によらなければ、その生命

の生命若しくは自由を奪われ、又はその他の刑罰を科せられない。

（裁判を受ける権利）

第三十二条　何人も、裁判所において裁判を受ける権利を奪われない。

（逮捕に関する手続の保障）

第三十三条　何人も、現行犯として逮捕される場合を除いては、裁判官が発し、かつ、理由となっている犯罪を明示する令状によらなければ、逮捕されない。

（抑留及び拘禁に関する手続の保障）

第三十四条　何人も、正当な理由がなく、若しくは理由を直ちに告げられることなく、又は直ちに弁護人に依頼する権利を与えられることなく、抑留され、又は拘禁されない。

2　拘禁された者は、拘禁の理由を直ちに本人及びその弁護人の出席する公開の法廷で示すことを求める権利を有する。

（住居等の不可侵）

第三十五条　何人も、正当な理由に基づいて発せられ、かつ、捜索

若しくは自由を奪はれ、又はその他の刑罰を科せられない。

第三十二条　何人も、裁判所において裁判を受ける権利を奪はれない。

第三十三条　何人も、現行犯として逮捕される場合を除いては、権限を有する司法官憲が発し、且つ理由となつてゐる犯罪を明示する令状によらなければ、逮捕されない。

第三十四条　何人も、理由を直ちに告げられ、且つ、直ちに弁護人に依頼する権利を与へられなければ、抑留又は拘禁されない。又、何人も、正当な理由がなければ、拘禁されず、要求があれば、その理由は、直ちに本人及びその弁護人の出席する公開の法廷で示されなければならない。

第三十五条　何人も、その住居、書類及び所持品について、侵入、

する場所及び押収する物を明示する令状によらなければ、その住居、書類及び所持品について、侵入、捜索又は押収を受けない。ただし、第三十三条の規定により逮捕される場合は、この限りでない。

2　前項本文の規定による捜索又は押収は、裁判官が発する各別の令状によって行う。

（拷問等の禁止）

第三十六条　公務員による拷問及び残虐な刑罰は、絶対に禁止する。

（刑事被告人の権利）

第三十七条　すべて刑事事件においては、被告人は、公平な裁判所の迅速な公開裁判を受ける権利を有する。

2　被告人は、すべての証人に対して審問する機会を充分に与えられる権利及び公費で自己のために強制的手続により証人を求める権利を有する。

3　被告人は、いかなる場合にも、資格を有する弁護人を依頼することができる。被告人が自らこれを依頼することができないときは、国でこれを付する。

捜索及び押収を受けることのない権利は、第三十三条の場合を除いては、正当な理由に基いて発せられ、且つ捜索する場所及び押収する物を明示する令状がなければ、侵されない。

②　捜索又は押収は、権限を有する司法官憲が発する各別の令状により、これを行ふ。

第三十六条　公務員による拷問及び残虐な刑罰は、絶対にこれを禁ずる。

第三十七条　（同上）

②　刑事被告人は、すべての証人に対して審問する機会を充分に与へられ、又、公費で自己のために強制的手続により証人を求める権利を有する。

③　刑事被告人は、いかなる場合にも、資格を有する弁護人を依頼することができる。被告人が自らこれを依頼することができないときは、国でこれを附する。

（刑事事件における自白等）
第三十八条　何人も、自己に不利益な供述を強要されない。
2　拷問、脅迫その他の強制による自白又は不当に長く抑留され、若しくは拘禁された後の自白は、証拠とすることができない。
3　何人も、自己に不利益な唯一の証拠が本人の自白である場合には、有罪とされない。

（遡及処罰等の禁止）
第三十九条　何人も、実行の時に適法であった行為又は既に無罪とされた行為については、刑事上の責任を問われない。同一の犯罪については、重ねて刑事上の責任を問われない。

（刑事補償を求める権利）
第四十条　何人も、抑留され、又は拘禁された後、無罪の裁判を受けたときは、法律の定めるところにより、国にその補償を求めることができる。

第四章　国会

（国会と立法権）
第四十一条　国会は、国権の最高機関であって、国の唯一の立法機

第三十八条（同上）
②　強制、拷問若しくは脅迫による自白又は不当に長く抑留若しくは拘禁された後の自白は、これを証拠とすることができない。
③　何人も、自己に不利益な唯一の証拠が本人の自白である場合には、有罪とされ、又は刑罰を科せられない。

第三十九条　何人も、実行の時に適法であつた行為又は既に無罪とされた行為については、刑事上の責任を問はれない。又、同一の犯罪について、重ねて刑事上の責任を問はれない。

第四十条　何人も、抑留又は拘禁された後、無罪の裁判を受けたときは、法律の定めるところにより、国にその補償を求めることができる。

第四章　国会

第四十一条　国会は、国権の最高機関であつて、国の唯一の立法機

関である。

（両議院）
第四十二条　国会は、衆議院及び参議院の両議院で構成する。

（両議院の組織）
第四十三条　両議院は、全国民を代表する選挙された議員で組織する。
2　両議院の議員の定数は、法律で定める。

（議員及び選挙人の資格）
第四十四条　両議院の議員及びその選挙人の資格は、法律で定める。この場合においては、人種、信条、性別、障害の有無、社会的身分、門地、教育、財産又は収入によって差別してはならない。

（衆議院議員の任期）
第四十五条　衆議院議員の任期は、四年とする。ただし、衆議院が解散された場合には、その期間満了前に終了する。

（参議院議員の任期）
第四十六条　参議院議員の任期は、六年とし、三年ごとに議員の半

関である。

第四十二条　国会は、衆議院及び参議院の両議院でこれを構成する。

第四十三条　両議院は、全国民を代表する選挙された議員でこれを組織する。
②　両議院の議員の定数は、法律でこれを定める。

第四十四条　両議院の議員及びその選挙人の資格は、法律でこれを定める。但し、人種、信条、性別、社会的身分、門地、教育、財産又は収入によつて差別してはならない。

第四十五条　衆議院議員の任期は、四年とする。但し、衆議院解散の場合には、その期間満了前に終了する。

第四十六条　（同上）

数を改選する。

（選挙に関する事項）
第四十七条　選挙区、投票の方法その他両議院の議員の選挙に関する事項は、法律で定める。

（両議院議員兼職の禁止）
第四十八条　何人も、同時に両議院の議員となることはできない。

（議員の歳費）
第四十九条　両議院の議員は、法律の定めるところにより、国庫から相当額の歳費を受ける。

（議員の不逮捕特権）
第五十条　両議院の議員は、法律の定める場合を除いては、国会の会期中逮捕されず、会期前に逮捕された議員は、その議院の要求があるときは、会期中釈放しなければならない。

（議員の免責特権）
第五十一条　両議院の議員は、議院で行った演説、討論又は表決について、院外で責任を問われない。

第四十七条　選挙区、投票の方法その他両議院の議員の選挙に関する事項は、法律でこれを定める。

第四十八条　何人も、同時に両議院の議員たることはできない。

第四十九条　（同上）

第五十条　両議院の議員は、法律の定める場合を除いては、国会の会期中逮捕されず、会期前に逮捕された議員は、その議院の要求があれば、会期中これを釈放しなければならない。

第五十一条　両議院の議員は、議院で行つた演説、討論又は表決について、院外で責任を問はれない。

（常会）
第五十二条　国会の常会は、毎年一回召集する。
2　常会の会期は、法律で定める。
（臨時会）
第五十三条　内閣は、国会の臨時会の召集を決定することができる。いずれかの議院の総議員の四分の一以上の要求があれば、内閣は、その召集を決定しなければならない。
（衆議院の解散と衆議院議員の総選挙、特別会及び参議院の緊急集会）
第五十四条　第六十九条の場合その他の場合の衆議院の解散は、内閣総理大臣が決定する。
2　衆議院が解散されたときは、解散の日から四十日以内に、衆議院議員の総選挙を行い、その選挙の日から三十日以内に、国会の特別会を召集しなければならない。
3　衆議院が解散されたときは、参議院は、同時に閉会となる。ただし、内閣は、国に緊急の必要があるときは、参議院の緊急集会を求めることができる。
4　前項ただし書の緊急集会において採られた措置は、臨時のもの

第五十二条　国会の常会は、毎年一回これを召集する。
（新設）
第五十三条　内閣は、国会の臨時会の召集を決定することができる。いづれかの議院の総議員の四分の一以上の要求があれば、内閣は、その召集を決定しなければならない。
第五十四条　（新設）
①　衆議院が解散されたときは、解散の日から四十日以内に、衆議院議員の総選挙を行ひ、その選挙の日から三十日以内に、国会を召集しなければならない。
②　衆議院が解散されたときは、参議院は、同時に閉会となる。但し、内閣は、国に緊急の必要があるときは、参議院の緊急集会を求めることができる。
③　前項但書の緊急集会において採られた措置は、臨時のものであ

であって、次の国会開会の後10日以内に、衆議院の同意がない場合には、その効力を失う。

（資格争訟の裁判）
第五十五条　両議院は、各々その議員の資格に関する争訟を裁判する。ただし、議員の議席を失わせるには、出席議員の三分の二以上の多数による議決を必要とする。

（表決及び定足数）
第五十六条　両議院の議事は、この憲法に特別の定めのある場合を除いては、出席議員の過半数で決し、可否同数のときは、議長の決するところによる。
2　両議院の議決は、各々その総議員の三分の一以上の出席がなければすることができない。

（会議及び会議録の公開等）
第五十七条　両議院の会議は、公開しなければならない。ただし、出席議員の三分の二以上の多数で議決したときは、秘密会を開くことができる。
2　両議院は、各々その会議の記録を保存し、秘密会の記録の中で特に秘密を要すると認められるものを除き、これを公表し、かつ、

つて、次の国会開会の後十日以内に、衆議院の同意がない場合には、その効力を失ふ。

第五十五条　両議院は、各々その議員の資格に関する争訟を裁判する。但し、議員の議席を失はせるには、出席議員の三分の二以上の多数による議決を必要とする。

第五十六条　両議院は、各々その総議員の三分の一以上の出席がなければ、議事を開き議決することができない。
②　両議院の議事は、この憲法に特別の定のある場合を除いては、出席議員の過半数でこれを決し、可否同数のときは、議長の決するところによる。

第五十七条　両議院の会議は、公開とする。但し、出席議員の三分の二以上の多数で議決したときは、秘密会を開くことができる。
②　両議院は、各々その会議の記録を保存し、秘密会の記録の中で特に秘密を要すると認められるもの以外は、これを公表し、且つ

一般に頒布しなければならない。

3　出席議員の五分の一以上の要求があるときは、各議員の表決を会議録に記載しなければならない。

（役員の選任並びに議院規則及び懲罰）

第五十八条　両議院は、各々その議長その他の役員を選任する。

2　両議院は、各々その会議その他の手続及び内部の規律に関する規則を定め、並びに院内の秩序を乱した議員を懲罰することができる。ただし、議員を除名するには、出席議員の三分の二以上の多数による議決を必要とする。

（法律案の議決及び衆議院の優越）

第五十九条　法律案は、この憲法に特別の定めのある場合を除いては、両議院で可決したとき法律となる。

2　衆議院で可決し、参議院でこれと異なった議決をした法律案は、衆議院で出席議員の三分の二以上の多数で再び可決したときは、法律となる。

3　前項の規定は、法律の定めるところにより、衆議院が両議院の協議会を開くことを求めることを妨げない。

4　参議院が、衆議院の可決した法律案を受け取った後、国会休会中の期間を除いて六十日以内に、議決しないときは、衆議院は、

一般に頒布しなければならない。

③　出席議員の五分の一以上の要求があれば、各議員の表決は、これを会議録に記載しなければならない。

第五十八条　（同上）

②　両議院は、各々その会議その他の手続及び内部の規律に関する規則を定め、又、院内の秩序をみだした議員を懲罰することができる。但し、議員を除名するには、出席議員の三分の二以上の多数による議決を必要とする。

第五十九条　法律案は、この憲法に特別の定のある場合を除いては、両議院で可決したとき法律となる。

②　衆議院で可決し、参議院でこれと異なつた議決をした法律案は、衆議院で出席議員の三分の二以上の多数で再び可決したときは、法律となる。

③　前項の規定は、法律の定めるところにより、衆議院が、両議院の協議会を開くことを求めることを妨げない。

④　参議院が、衆議院の可決した法律案を受け取つた後、国会休会中の期間を除いて六十日以内に、議決しないときは、衆議院は、

参議院がその法律案を否決したものとみなすことができる。

（予算案の議決等に関する衆議院の優越）

第六十条　予算案は、先に衆議院に提出しなければならない。

2　予算案について、参議院で衆議院と異なった議決をした場合において、法律の定めるところにより、両議院の協議会を開いても意見が一致しないとき、又は参議院が、衆議院の可決した予算案を受け取った後、国会休会中の期間を除いて三十日以内に、議決しないときは、衆議院の議決を国会の議決とする。

（条約の承認に関する衆議院の優越）

第六十一条　条約の締結に必要な国会の承認については、前条第二項の規定を準用する。

（議院の国政調査権）

第六十二条　両議院は、各々国政に関する調査を行い、これに関して、証人の出頭及び証言並びに記録の提出を要求することができる。

（国務大臣の議院出席の権利及び義務）

第六十三条　内閣総理大臣その他の国務大臣は、両議院のいずれか

参議院がその法律案を否決したものとみなすことができる。

第六十条　予算は、さきに衆議院に提出しなければならない。

②　予算について、参議院で衆議院と異なつた議決をした場合に、法律の定めるところにより、両議院の協議会を開いても意見が一致しないとき、又は参議院が、衆議院の可決した予算を受け取つた後、国会休会中の期間を除いて三十日以内に、議決しないときは、衆議院の議決を国会の議決とする。

第六十一条　（同上）

第六十二条　両議院は、各々国政に関する調査を行ひ、これに関して、証人の出頭及び証言並びに記録の提出を要求することができる。

第六十三条　内閣総理大臣その他の国務大臣は、両議院の一に議席

に議席を有すると有しないとにかかわらず、いつでも議案について発言するため議院に出席することができる。

2　内閣総理大臣その他の国務大臣は、答弁又は説明のため議院から出席を求められたときは、職務の遂行上やむを得ない事情がある場合を除き、出席しなければならない。

（弾劾裁判所）

第六十四条　国会は、罷免の訴追を受けた裁判官を裁判するため、両議院の議員で組織する弾劾裁判所を設ける。

2　弾劾に関する事項は、法律で定める。

（政党）

第六十四条の二　国は、政党が議会制民主主義に不可欠の存在であることにかんがみ、その活動の公正の確保及びその健全な発展に努めなければならない。

2　政党の政治活動の自由は、制限してはならない。

3　前二項に定めるもののほか、政党に関する事項は、法律で定める。

を有すると有しないとにかかはらず、何時でも議案について発言するため議院に出席することができる。又、答弁又は説明のため出席を求められたときは、出席しなければならない。

第六十四条　（同上）

②　弾劾に関する事項は、法律でこれを定める。

（新設）

第五章　内閣

（内閣と行政権）

第六十五条　行政権は、この憲法に特別の定めのある場合を除き、内閣に属する。

（内閣の組織及び国会に対する責任）

第六十六条　内閣は、法律の定めるところにより、その首長たる内閣総理大臣及びその他の国務大臣で組織する。

2　内閣総理大臣その他の国務大臣は、文民でなければならない。

3　内閣は、行政権の行使について、国会に対し連帯して責任を負う。

（内閣総理大臣の指名及び衆議院の優越）

第六十七条　内閣総理大臣は、国会議員の中から国会が指名する。

2　国会は、他のすべての案件に先立って、前項の指名を行わなければならない。

3　衆議院と参議院とが異なった指名をした場合において、法律の定めるところにより、両議院の協議会を開いても意見が一致しな

第五章　内閣

第六十五条　行政権は、内閣に属する。

第六十六条　内閣は、法律の定めるところにより、その首長たる内閣総理大臣及びその他の国務大臣でこれを組織する。

②　（同上）

③　内閣は、行政権の行使について、国会に対し連帯して責任を負ふ。

第六十七条　内閣総理大臣は、国会議員の中から国会の議決で、これを指名する。この指名は、他のすべての案件に先だつて、これを行ふ。

②　衆議院と参議院とが異なつた指名の議決をした場合に、法律の定めるところにより、両議院の協議会を開いても意見が一致しな

いとき、又は衆議院が指名をした後、国会休会中の期間を除いて十日以内に、参議院が指名をしないときは、衆議院の指名を国会の指名とする。

（国務大臣の任免）

第六十八条　内閣総理大臣は、国務大臣を任命する。この場合においては、その過半数は、国会議員の中から選ばれなければならない。

2　内閣総理大臣は、任意に国務大臣を罷免することができる。

（内閣の不信任と総辞職）

第六十九条　内閣は、衆議院が不信任の決議案を可決し、又は信任の決議案を否決したときは、十日以内に衆議院が解散されない限り、総辞職をしなければならない。

（内閣総理大臣が欠けたとき等の内閣の総辞職）

第七十条　内閣総理大臣が欠けたとき、又は衆議院議員の総選挙の後に初めて国会の召集があったときは、内閣は、総辞職をしなければならない。

（総辞職後の内閣）

いとき、又は衆議院が指名の議決をした後、国会休会中の期間を除いて十日以内に、参議院が、指名の議決をしないときは、衆議院の議決を国会の議決とする。

第六十八条　内閣総理大臣は、国務大臣を任命する。但し、その過半数は、国会議員の中から選ばなければならない。

②（同上）

第六十九条　内閣は、衆議院で不信任の決議案を可決し、又は信任の決議案を否決したときは、十日以内に衆議院が解散されない限り、総辞職をしなければならない。

第七十条　内閣総理大臣が欠けたとき、又は衆議院議員総選挙の後に初めて国会の召集があったときは、内閣は、総辞職をしなければならない。

第七十一条　前二条の場合には、内閣は、新たに内閣総理大臣が任命されるまで引き続きその職務を行う。

（内閣総理大臣の職務）
第七十二条　内閣総理大臣は、行政各部を指揮監督し、その総合調整を行う。
2　内閣総理大臣は、内閣を代表して、議案を国会に提出し、並びに一般国務及び外交関係について国会に報告する。

（内閣の職務）
第七十三条　内閣は、他の一般行政事務のほか、次に掲げる事務を行う。
一　法律を誠実に執行し、国務を総理すること。
二　外交関係を処理すること。
三　条約を締結すること。ただし、事前に、時宜によっては事後に、国会の承認を経ることを必要とする。
四　法律の定める基準に従い、国の公務員に関する事務を掌理すること。
五　予算案及び法律案を作成して国会に提出すること。
六　法律の規定に基づき、政令を制定すること。ただし、政令に

第七十一条　前二条の場合には、内閣は、あらたに内閣総理大臣が任命されるまで引き続きその職務を行ふ。

第七十二条　内閣総理大臣は、内閣を代表して議案を国会に提出し、一般国務及び外交関係について国会に報告し、並びに行政各部を指揮監督する。

第七十三条　内閣は、他の一般行政事務の外、左の事務を行ふ。
一　（同上）
二　（同上）
三　条約を締結すること。但し、事前に、時宜によつては事後に、国会の承認を経ることを必要とする。
四　法律の定める基準に従ひ、官吏に関する事務を掌理すること。
五　予算を作成して国会に提出すること。
六　この憲法及び法律の規定を実施するために、政令を制定する

は、特にその法律の委任がある場合を除いては、義務を課し、又は権利を制限する規定を設けることができない。

七　大赦、特赦、減刑、刑の執行の免除及び復権を決定すること。

（法律及び政令への署名）

第七十四条　法律及び政令には、すべて主任の国務大臣が署名し、内閣総理大臣が連署することを必要とする。

（国務大臣の特権）

第七十五条　国務大臣は、その在任中、内閣総理大臣の同意がなければ、訴追されない。ただし、訴追の権利は、これにより害されない。

第六章　司法

（裁判所と司法権）

第七十六条　すべて司法権は、最高裁判所及び法律の定めるところにより設置する下級裁判所に属する。

2　特別裁判所は、設置することができない。行政機関は、終審として裁判を行うことができない。

3　軍事に関する裁判を行うため、法律の定めるところにより、下

こと。但し、政令には、特にその法律の委任がある場合を除いては、罰則を設けることができない。

七　（同上）

第七十四条　（同上）

第七十五条　国務大臣は、その在任中、内閣総理大臣の同意がなければ、訴追されない。但し、これがため、訴追の権利は、害されない。

第六章　司法

第七十六条　（同上）

②　特別裁判所は、これを設置することができない。行政機関は、終審として裁判を行ふことができない。

（新設）

級裁判所として、軍事裁判所を設置する。
4　すべて裁判官は、その良心に従い独立してその職権を行い、この憲法及び法律にのみ拘束される。

（最高裁判所の規則制定権）
第七十七条　最高裁判所は、裁判に関する手続、弁護士、裁判所の内部規律及び司法事務処理に関する事項について、規則を定める権限を有する。
2　検察官、弁護士その他の裁判に関わる者は、最高裁判所の定める規則に従わなければならない。
3　最高裁判所は、下級裁判所に関する規則を定める権限を、下級裁判所に委任することができる。

（裁判官の身分保障）
第七十八条　裁判官は、次条第三項に規定する場合及び心身の故障のために職務を執ることができないと裁判により決定された場合を除いては、公の弾劾によらなければ罷免されない。行政機関は、裁判官の懲戒処分を行うことができない。

（最高裁判所の裁判官）
第七十九条　最高裁判所は、その長たる裁判官及び法律の定める員

---

③　すべて裁判官は、その良心に従ひ独立してその職権を行ひ、この憲法及び法律にのみ拘束される。

第七十七条　最高裁判所は、訴訟に関する手続、弁護士、裁判所の内部規律及び司法事務処理に関する事項について、規則を定める権限を有する。
②　検察官は、最高裁判所の定める規則に従はなければならない。
③　（同上）

第七十八条　裁判官は、裁判により、心身の故障のために職務を執ることができないと決定された場合を除いては、公の弾劾によらなければ罷免されない。裁判官の懲戒処分は、行政機関がこれを行ふことはできない。

第七十九条　最高裁判所は、その長たる裁判官及び法律の定める員

数のその他の裁判官で構成し、最高裁判所の長たる裁判官以外の裁判官は、内閣が任命する。

2　最高裁判所の裁判官は、その任命後、法律の定めるところにより、国民の審査を受けなければならない。

3　前項の審査において罷免すべきとされた裁判官は、罷免される。

4　最高裁判所の裁判官は、法律の定める年齢に達した時に退官する。

5　最高裁判所の裁判官は、すべて定期に相当額の報酬を受ける。この報酬は、在任中、やむを得ない事由により法律をもって行う場合であって、裁判官の職権行使の独立を害するおそれがないときを除き、減額することができない。

（下級裁判所の裁判官）

第八十条　下級裁判所の裁判官は、最高裁判所の指名した者の名簿によって、内閣が任命する。その裁判官は、任期を十年とし、再任されることができる。ただし、法律の定める年齢に達した時には退官する。

数のその他の裁判官でこれを構成し、その長たる裁判官以外の裁判官は、内閣でこれを任命する。

②　最高裁判所の裁判官の任命は、その任命後初めて行はれる衆議院議員総選挙の際国民の審査に付し、その後十年を経過した後初めて行はれる衆議院議員総選挙の際更に審査に付し、その後も同様とする。

③　前項の場合において、投票者の多数が裁判官の罷免を可とするときは、その裁判官は、罷免される。

④　審査に関する事項は、法律でこれを定める。

⑤　（同上）

⑥　最高裁判所の裁判官は、すべて定期に相当額の報酬を受ける。この報酬は、在任中、これを減額することができない。

第八十条　下級裁判所の裁判官は、最高裁判所の指名した者の名簿によつて、内閣でこれを任命する。その裁判官は、任期を十年とし、再任されることができる。但し、法律の定める年齢に達した時には退官する。

2　前条第五項の規定は、下級裁判所の裁判官の報酬について準用する。

（法令審査権と最高裁判所）

第八十一条　最高裁判所は、一切の法律、命令、規則又は処分が憲法に適合するかしないかを決定する権限を有する終審裁判所である。

（裁判の公開）

第八十二条　裁判の対審及び判決は、公開法廷で行う。

2　裁判所が、裁判官の全員一致で、公の秩序又は善良の風俗を害するおそれがあると決した場合には、対審は、公開しないで行うことができる。ただし、政治犯罪、出版に関する犯罪又は第三章で保障する国民の権利が問題となっている事件の対審は、常に公開しなければならない。

第七章　財政

（財政の基本原則）

第八十三条　国の財政を処理する権限は、国会の議決に基づいて行使しなければならない。

---

②　下級裁判所の裁判官は、すべて定期に相当額の報酬を受ける。この報酬は、在任中、これを減額することができない。

第八十一条　（同上）

第八十二条　裁判の対審及び判決は、公開法廷でこれを行ふ。

②　裁判所が、裁判官の全員一致で、公の秩序又は善良の風俗を害する虞があると決した場合には、対審は、公開しないでこれを行ふことができる。但し、政治犯罪、出版に関する犯罪又はこの憲法第三章で保障する国民の権利が問題となつてゐる事件の対審は、常にこれを公開しなければならない。

第七章　財政

第八十三条　国の財政を処理する権限は、国会の議決に基いて、これを行使しなければならない。

2　財政の健全性の確保は、常に配慮されなければならない。

（租税法律主義）

第八十四条　租税を新たに課し、又は変更するには、法律の定めるところによることを必要とする。

（国費の支出及び国の債務負担）

第八十五条　国費を支出し、又は国が債務を負担するには、国会の議決に基づくことを必要とする。

（予算）

第八十六条　内閣は、毎会計年度の予算案を作成し、国会に提出して、その審議を受け、議決を経なければならない。

2　当該会計年度開始前に前項の議決がなかったときは、内閣は、法律の定めるところにより、同項の議決を経るまでの間、必要な支出をすることができる。

3　前項の規定による支出については、内閣は、事後に国会の承諾を得なければならない。

（予備費）

第八十七条　予見し難い予算の不足に充てるため、国会の議決に基

（新設）

第八十四条　あらたに租税を課し、又は現行の租税を変更するには、法律又は法律の定める条件によることを必要とする。

第八十五条　国費を支出し、又は国が債務を負担するには、国会の議決に基くことを必要とする。

第八十六条　内閣は、毎会計年度の予算を作成し、国会に提出して、その審議を受け議決を経なければならない。

（新設）

（新設）

第八十七条　予見し難い予算の不足に充てるため、国会の議決に基

づいて予備費を設け、内閣の責任でこれを支出することができる。

2 すべて予備費の支出については、内閣は、事後に国会の承諾を得なければならない。

（皇室財産及び皇室の費用）

第八十八条 すべて皇室財産は、国に属する。すべて皇室の費用は、予算案に計上して国会の議決を経なければならない。

（公の財産の支出及び利用の制限）

第八十九条 公金その他の公の財産は、第二十条第三項の規定による制限を超えて、宗教的活動を行う組織又は団体の使用、便益若しくは維持のため、支出し、又はその利用に供してはならない。

2 公金その他の公の財産は、国若しくは公共団体の監督が及ばない慈善、教育若しくは博愛の事業に対して支出し、又はその利用に供してはならない。

（決算の承認）

第九十条 内閣は、国の収入支出の決算について、すべて毎年会計検査院の検査を受け、法律の定めるところにより、次の年度にそ

いて予備費を設け、内閣の責任でこれを支出することができる。

②（同上）

第八十八条 すべて皇室財産は、国に属する。すべて皇室の費用は、予算に計上して国会の議決を経なければならない。

第八十九条 公金その他の公の財産は、宗教上の組織若しくは団体の使用、便益若しくは維持のため、又は公の支配に属しない慈善、教育若しくは博愛の事業に対し、これを支出し、又はその利用に供してはならない。

第九十条 国の収入支出の決算は、すべて毎年会計検査院がこれを検査し、内閣は、次の年度に、その検査報告とともに、これを国

の検査報告とともに国会に提出し、その承認を受けなければならない。

2 会計検査院の組織及び権限は、法律で定める。

（財政状況の報告）

第九十一条 内閣は、国会及び国民に対し、定期に、少なくとも毎年一回、国の財政状況について報告しなければならない。

第八章 地方自治

（地方自治の本旨）

第九十一条の二 地方自治は、住民の参画を基本とし、住民に身近な行政を自主的、自立的かつ総合的に実施することを旨として行う。

2 住民は、その属する地方自治体の役務の提供をひとしく受ける権利を有し、その負担を公正に分任する義務を負う。

（地方自治体の種類等）

第九十一条の三 地方自治体は、基礎地方自治体及びこれを包括し、補完する広域地方自治体とする。

2 地方自治体の組織及び運営に関する基本的事項は、地方自治の

会に提出しなければならない。

② 会計検査院の組織及び権限は、法律でこれを定める。

第九十一条 （同上）

第八章 地方自治

（新設）

第九十二条 地方公共団体の組織及び運営に関する事項は、地方自

本旨に基づいて、法律で定める。

（国及び地方自治体の相互の協力）

第九十二条　国及び地方自治体は、地方自治の本旨に基づき、適切な役割分担を踏まえて、相互に協力しなければならない。

（地方自治体の機関及び直接選挙）

第九十三条　地方自治体には、法律の定めるところにより、条例その他重要事項を議決する機関として、議会を設置する。

2　地方自治体の長、議会の議員及び法律の定めるその他の公務員は、当該地方自治体の住民が、直接選挙する。

（地方自治体の権能）

第九十四条　地方自治体は、その事務を処理する権能を有し、法律の範囲内で条例を制定することができる。

（地方自治体の財務及び国の財政措置）

第九十四条の二　地方自治体の経費は、その分担する役割及び責任に応じ、条例の定めるところにより課する地方税のほか、当該地方自治体が自主的に使途を定めることができる財産をもってその

治の本旨に基いて、法律でこれを定める。

（新設）

第九十三条　地方公共団体には、法律の定めるところにより、その議事機関として議会を設置する。

②　地方公共団体の長、その議会の議員及び法律の定めるその他の吏員は、その地方公共団体の住民が、直接これを選挙する。

第九十四条　地方公共団体は、その財産を管理し、事務を処理し、及び行政を執行する権能を有し、法律の範囲内で条例を制定することができる。

（新設）

財源に充てることを基本とする。
2　国は、地方自治の本旨及び前項の趣旨に基づき、地方自治体の行うべき役務の提供が確保されるよう、法律の定めるところにより、必要な財政上の措置を講ずる。
3　第八十三条第二項の規定は、地方自治について準用する。

第九十五条　削除

第九章　改正

第九十六条　この憲法の改正は、衆議院又は参議院の議員の発議に基づき、各議院の総議員の過半数の賛成で国会が議決し、国民に提案してその承認を経なければならない。この承認には、特別の国民投票において、その過半数の賛成を必要とする。
2　憲法改正について前項の承認を経たときは、天皇は、国民の名で、この憲法と一体であるものとして、直ちに憲法改正を公布する。

第九十五条　一の地方公共団体のみに適用される特別法は、法律の定めるところにより、その地方公共団体の住民の投票においてその過半数の同意を得なければ、国会は、これを制定することができない。

第九章　改正

第九十六条　この憲法の改正は、各議院の総議員の三分の二以上の賛成で、国会が、これを発議し、国民に提案してその承認を経なければならない。この承認には、特別の国民投票又は国会の定める選挙の際行はれる投票において、その過半数の賛成を必要とする。
②　憲法改正について前項の承認を経たときは、天皇は、国民の名で、この憲法と一体を成すものとして、直ちにこれを公布する。

第十章　最高法規

（基本的人権の意義）

第九十七条　この憲法が日本国民に保障する基本的人権は、人類の多年にわたる自由獲得の努力の成果であって、これらの権利は、過去幾多の試錬に堪え、現在及び将来の国民に対し侵すことのできない永久の権利として信託されたものである。

（憲法の最高法規性等）

第九十八条　この憲法は、国の最高法規であって、その条規に反する法律、命令、詔勅及び国務に関するその他の行為の全部又は一部は、その効力を有しない。

2　日本国が締結した条約及び確立された国際法規は、これを誠実に遵守することを必要とする。

（憲法尊重擁護義務）

第九十九条　天皇又は摂政及び国務大臣、国会議員、裁判官その他の公務員は、この憲法を尊重し擁護する義務を負う。

第十章　最高法規

第九十七条　この憲法が日本国民に保障する基本的人権は、人類の多年にわたる自由獲得の努力の成果であつて、これらの権利は、過去幾多の試錬に堪へ、現在及び将来の国民に対し、侵すことのできない永久の権利として信託されたものである。

第九十八条　この憲法は、国の最高法規であつて、その条規に反する法律、命令、詔勅及び国務に関するその他の行為の全部又は一部は、その効力を有しない。

②　（同上）

第九十九条　天皇又は摂政及び国務大臣、国会議員、裁判官その他の公務員は、この憲法を尊重し擁護する義務を負ふ。

【編者紹介】
ピープルズ・プラン研究所
ピープルズ・プラン研究所は、現在の暴力的な世界秩序や息苦しい社会制度に代わって、民衆（ピープル）の側から構想される社会を探求する在野の研究グループです。国内、海外のさまざまな反戦、反グローバリゼーションの運動と合流し、ネットワークを築きながら、新しい理論と思想を生み出す研究活動をおこなっています。
〒169-0072 東京都新宿区早稲田町 75 日研ビル 2F
Tel/Fax：03-5273-8362
ppsg@jca.apc.org
http://www.jca.apc.org/ppsg/

「改憲」異論④ 体験的「反改憲」運動論

発行……二〇〇六年一一月二〇日 初版第一刷一八〇〇部
定価……一〇〇〇円＋税
編者……ピープルズ・プラン研究所
発行所……現代企画室
住所……150—0031 東京都渋谷区桜丘町一五—八—二〇四
電話——〇三—三四六一—五〇八二
ファクス——〇三—三四六一—五〇八三
E-mail：gendai@jca.apc.org
http://www.jca.apc.org/gendai/
郵便振替——〇〇一二〇—一—一一六〇一七
印刷所……中央精版印刷株式会社
ISBN4-7738-0610-9 C0036 Y1000E